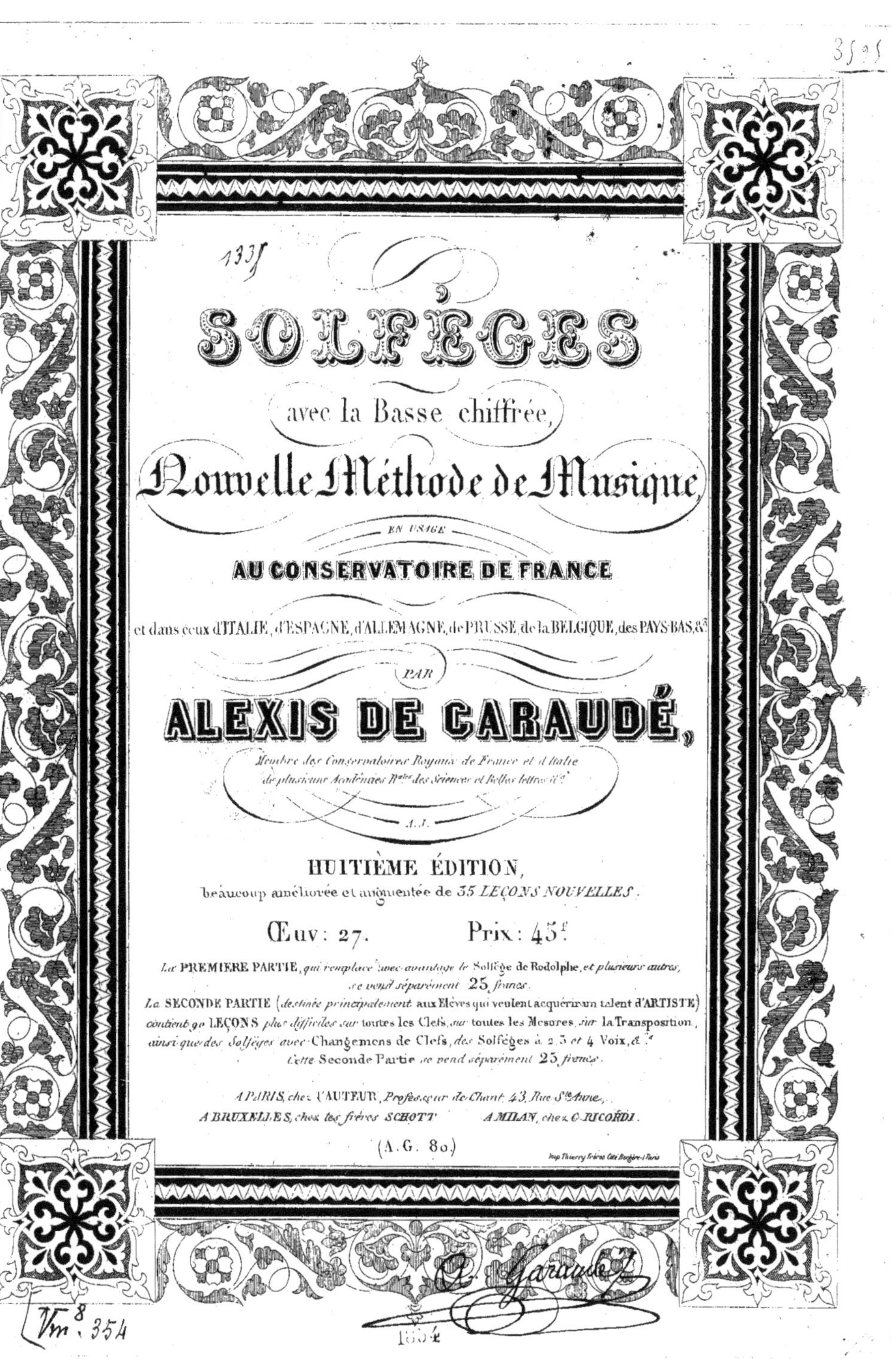

SOLFÈGES

avec la Basse chiffrée,

Nouvelle Méthode de Musique

EN USAGE

AU CONSERVATOIRE DE FRANCE

et dans ceux d'ITALIE, d'ESPAGNE, d'ALLEMAGNE, de PRUSSE, de la BELGIQUE, des PAYS-BAS, &ᶜ

PAR

ALEXIS DE GARAUDÉ,

Membre des Conservatoires Royaux de France et d'Italie
de plusieurs Académies Rˡᵉˢ des Sciences et Belles lettres &ᶜ

A.J.

HUITIÈME ÉDITION,

beaucoup améliorée et augmentée de 35 LEÇONS NOUVELLES.

Œuv: 27.   Prix: 45ᶠ

La PREMIERE PARTIE, qui remplace avec avantage le Solfège de Rodolphe, et plusieurs autres,
se vend séparément 25 francs.
La SECONDE PARTIE (destinée principalement aux Elèves qui veulent acquérir un talent d'ARTISTE)
contient 90 LEÇONS plus difficiles sur toutes les Clefs, sur toutes les Mesures, sur la Transposition,
ainsi que des Solfèges avec Changemens de Clefs, des Solfèges à 2,3 et 4 Voix, &ᶜ
Cette Seconde Partie se vend séparément 25 francs.

A PARIS, chez L'AUTEUR, Professeur de Chant, 43, Rue Stᵉ Anne.
A BRUXELLES, chez les frères SCHOTT   A MILAN, chez G. RICORDI.

(A.G. 80.)

Imp Thierry frères Cité Bergère-l Paris

EXAMENS ET ADOPTIONS DES OUVRAGES CLASSIQUES

(SOLFÈGES, MÉTHODES DE CHANT, etc.),

D'ALEXIS DE GARAUDÉ,

Adoptés par l'**INSTITUT, LE MINISTRE DE L'INSTRUCTION PUBLIQUE, l'UNIVERSITÉ**, et les CONSERVATOIRES de France, d'Italie, de Belgique, d'Allemagne, etc.

(A PARIS, chez l'Auteur, **43, RUE SAINTE-ANNE**, et chez les Marchands de Musique de France et des pays étrangers.)

ÉDUCATION MUSICALE.

A diverses époques, la longue expérience pratique acquise par l'auteur dans beaucoup d'années de Professorat (dont 23 ans comme *Professeur de chant au Conservatoire*), ses constants efforts pour rendre cet enseignement *plus facile, plus prompt et moins aride*, l'ont engagé à composer divers œuvres de SOLFÈGES, MÉTHODES DE CHANT, d'HARMONIE, de PIANO, etc., dont les *adoptions générales* et les *nombreuses contrefaçons* à l'étranger attestent le succès.

Le commencement de toute étude de ce genre est *la lecture musicale*, ou SOLFÈGES destinés à l'appréciation des *valeurs de notes et de leurs intervalles*, initiant peu à peu les élèves aux diverses difficultés de l'ART MUSICAL. Cette première étude leur fait souvent courir de grands dangers pour leur poitrine, si elle était faite avec des SOLFÈGES dont les intonations hautes rappellent ceux de *Rodolphe*, de gothique mémoire, qui a détruit un si grand nombre de voix !

La *huitième* édition (avec basse chiffrée) des SOLFÈGES, op. 27, d'*Alexis* de GARAUDÉ, ou la *neuvième* édition (avec accomp. de *piano*) du même ouvrage, dont les leçons ne montent qu'au *fa* et au *sol;* ou bien les SOLFÈGES DES ENFANTS, avec accomp. de *piano* (écrits dans l'intervalle de 9me, du *do* au *ré*) offrent un précieux avantage pour ménager les voix des jeunes élèves, en les rendant *très bons lecteurs* dans le moins de temps possible.

Après les premières études de *lecture musicale*, les élèves dont la voix est formée doivent commencer celles relatives à l'ART DU CHANT. C'est alors que les dangers signalés ci-dessus doivent être encore évités avec plus de soins. Le zèle et le bon goût d'un professeur ne peuvent suppléer au grave inconvénient d'employer des MÉTHODES destinées aux *premières Cantatrices de Théâtre.* Il est affligeant de penser que beaucoup de jeunes voix, qui eussent été belles si elles avaient été bien dirigées, sont devenues *nulles* ou d'un *très mauvais timbre*, parce qu'elles ont été gravement altérées par des SOLFÈGES ainsi que par des EXERCICES ou des VOCALISES fatigantes par leur *tessitures* et leurs *intonations trop hautes*, dès leurs premières études vocales ! On doit s'estimer heureux si ces jeunes poitrines n'en ont point souffert de mortelles atteintes !

C'est principalement pour remédier à de si graves inconvénients, et pour faire suite à la spécialité utile des SOLFÈGES ci-dessus, que M. A. DE GARAUDÉ a composé sa nouvelle MÉTHODE DE CHANT DES JEUNES DEMOISELLES, op. 66. Son étude pourra se faire *sans fatigue*, aussitôt que la mue de la voix sera terminée.

La MÉTHODE DE CHANT A DEUX VOIX, op. 65, du même auteur, étant écrite pour soprano et mezzo-soprano, rendra plus complète les études faites avec la précédente (voir, plus bas, son analyse).

(*Nota.*) Dans la séance du Comité des Études du Conservatoire (10 avril 1850), il a été décidé que les deux nouvelles méthodes de chant de M. A. DE GARAUDÉ (MÉTHODE DE CHANT DES JEUNES DEMOISELLES et MÉTHODE DE CHANT A 2 VOIX, op. 65 et 66), dont la spécialité n'existait pas jusqu'ici, feront partie de celles qui sont l'objet des études, ainsi que ses autres *ouvrages classiques*, précédemment adoptés par le Conservatoire.
Ces deux MÉTHODES conviennent principalement aux jeunes personnes, dont il faut craindre de fatiguer la voix.

Les jeunes voix, étant ainsi formées et développées par l'étude préalable de cet ouvrage, pourront ensuite travailler sans inconvénient celle des autres MÉTHODES DE CHANT spéciales de ce CATALOGUE qui leur serait le plus convenable. Il doit en être de même pour la *lecture musicale.* Il serait très utile de *lire à première vue* les SOLFÈGES suivants : Œuvres 27, 41, 46, 50 et 62, ainsi que beaucoup de *Musique facile* avec paroles, afin d'en prendre l'habitude.

Il est donc à croire que ce CATALOGUE offrira de très grands avantages à MM. les Professeurs de musique ; les SOLFÈGES, MÉTHODES DE CHANT, d'HARMONIE, DE PIANO, qui y sont analysés, étant le fruit de la longue carrière (dévouée à l'Enseignement) d'un Professeur dont les bonnes études de Collège ont préparé les études musicales qu'il a faites avec les plus grands maîtres des Écoles Italiennes et Allemandes : ce qui a beaucoup influé sur leur succès.

Privé de cette double instruction, un excellent artiste musicien ne peut que rédiger des MÉTHODES très imparfaites sous le rapport de leur plan bien conçu, développé et distribué avec clarté, et d'une progression insensible dans ses divers détails, où chaque article, contenant son *précepte, exemples, exercices* et *leçons spéciales* sans aridité, se trouve successivement classé à la place qui lui est convenable dans les divers chapitres.

Ces avantages, si difficiles à réunir, ont valu, après l'examen de ces Ouvrages Classiques, leur adoption par l'*Institut de France*, les *Conservatoires de musique*, le *Ministre de l'instruction publique* et le *Conseil de l'Université.* Ces deux derniers ont adopté pour les classes nombreuses des *Écoles primaires, Collèges*, etc., trois genres d'ouvrages différents in-8°, de M. A. DE GARAUDÉ (à choisir selon les localités et circonstances) : SOLFÈGES DES ENFANTS : COURS ÉLÉMENTAIRE DE MUSIQUE, en trois séries ; et ENSEIGNEMENT MUTUEL, lesquels sont analysés dans ce catalogue. Leur prix net en étant très modéré, la plupart des villes en font des demandes considérables, lors de la rentrée des classes.

L'Auteur aurait pu faire précéder ses nombreux ouvrages d'une foule de lettres laudatives et approbatives qui lui ont été écrites par les plus célèbres Artistes et Directeurs de Conservatoires ; mais il n'a jamais considéré ces lettres que comme une *correspondance particulière*, non destinée à l'impression, et il a pensé que leur publicité donnerait à croire que de telles lettres auraient été écrites par lui-même et signées par complaisance, ou du moins arrachées à une *camaraderie* qui n'aurait pas même examiné ces ouvrages !

Il est à remarquer que les prix de ce Catalogue sont très modiques, ces ouvrages, quoique plus volumineux et plus complets que la plupart des Méthodes, n'ayant jamais été augmentés comme tant d'autres dont le prix est fort cher, relativement au nombre de leurs pages.

ÉTUDES COMPLÈTES DE SOLFÈGES

OU LECTURE MUSICALE.

SOLFÈGES DES ENFANTS, adoptés par le *Ministre de l'Instruction publique* pour les *Collèges et Écoles primaires, normales et communales*, avec piano...................... 25
(Voyez l'analyse des mêmes SOLFÈGES, in-8°, à la page suivante.)

SOLFÈGES avec basse chiffrée, ou *Méthode de Musique* adopté par les Conservatoires, op. 27, huitième édition, revue et augmentée de 35 *leçons nouvelles*........................... 45
Les mêmes, 1re ou 2e partie; chaque................. 25

(*Nota.*) Cette 2e *partie* contient un grand nombre de *Solfèges* sur *toutes les clefs*, sur *toutes les mesures*, et sur *les plus grandes difficultés* de la lecture musicale, sur les *notes enharmoniques*, les *changements de clefs*, la *transposition.* etc. Elle est terminée par des *Solféges* à 2, 3 et 4 voix. Elle convient principalement aux élèves qui veulent devenir ARTISTES.

Les mêmes SOLFÈGES avec accompagnement de *Piano* (1re partie et *solféges* de la 2e), neuvième édition.......................... 36

Les mêmes, 1re partie, avec accompagnement de *Guitare*......................... 25

80 SOLFÈGES PROGRESSIFS à 2 voix, op. 41, avec accompagnement de Piano................ 30
Les mêmes in-8°, sans accompagnement (pour les *classes nombreuses*)................. 10
Ces SOLFÈGES, dont le but est d'accoutumer les élèves à entendre une autre voix se marier à la leur, ont une spécialité qui ne se trouve point au même degré dans aucun ouvrage. Ils seront utiles principalement dans les *Pensionnats* ou *Écoles de musique*, où plusieurs élèves pourraient chanter chaque partie, et ils deviendront une récapitulation de toutes les *difficultés de valeurs et d'intonations* contenues dans d'autres SOLFÈGES. Leur variété de style donnera de l'attrait à un genre d'études si important, mais qui est souvent d'une ennuyeuse aridité. Les 30 numéros derniers sont des espèces de DUOS *sans paroles*, dans lesquels les jeunes ARTISTES trouveront à se perfectionner comme *lecture musicale plus difficile*, et qui doit contribuer à *former leur goût.*

MÉTHODE DE MUSIQUE ou SOLFÈGES avec accompagnement de piano, en clef de FA, 4e ligne, *composée nouvellement et spécialement* pour les voix de BASSE, BARYTON, CONTRALTO, ou pour les instrumentistes qui font usage de cette clef, op. 46; prix........................ 36
Les *transpositions* d'autres SOLFÈGES ne pouvant atteindre le but qu'on se propose, la publication de cet ouvrage, dont la composition toute spéciale a été extrêmement soignée, est devenue d'une grande utilité pour ce genre d'élèves, la tessiture de ces voix étant différente des autres. C'est aussi un cours complet d'études progressives et nombreuses de *lecture musicale sur la clef de* FA. Leur style facile en rendra l'étude agréable.

Ces SOLFÈGES sont *les seuls* qui aient été véritablement *composés sur la clef de* FA, comme MÉTHODE DE MUSIQUE. Cet Ouvrage considérable est *complet.*

SOLFEOS, op. 27. (Texte espagnol)......................... 25

Manuel de DICTÉE MUSICALE, in-8°, sur 200 *nouvelles leçons spéciales et progressives* de SOLFÈGES (*faisant suite aux* SOLFÈGES DES ENFANTS); prix net.................... 4
Écrire la Musique sous la dictée est l'une des meilleures études qu'on puisse faire, puisqu'elle exerce l'oreille et l'intelligence de l'élève à bien discerner tout ce qui a rapport aux *valeurs* et aux *intonations.* Un tel exercice, fait avec soin sur une série de Leçons spéciales et progressives, doit beaucoup contribuer à former de *bons musiciens.* Outre que cet ouvrage est le *seul* de ce genre, il peut aussi être employé comme tous les autres SOLFÈGES pour *l'enseignement individuel ou collectif.*

GUIDE DU PIANISTE, *accompagnateur du chant*, contenant 20 ÉTUDES et beaucoup d'EXERCICES *spéciaux*, le tout *doigté* et composé de toutes les *formules employées le plus fréquemment dans les accompagnements de Piano*, op. 64, *in-4°*; prix net.. 6 »

N. B. Cet ouvrage, avec la MÉTHODE COMPLÈTE DE PIANO, et les 12 SONATES *faciles* qui y font suite, se vend, prix net.. 20 »

Son but spécial est de former de *bons accompagnateurs du chant*, *même en n'étant que d'une force médiocre sur le Piano*. Ce GUIDE fera acquérir une exécution suffisante pour se familiariser avec toutes les formules d'accompagnements. Toutes les indications y sont données pour se perfectionner dans ce genre de *lecture musicale*, pour savoir *simplifier les passages difficiles*, et pour bien comprendre avec intelligence cette parfaite *unité d'intonations et de sentiment*, qui doit toujours régner entre le chanteur et l'accompagnateur, avantages que ne possèdent pas des *Pianistes* même célèbres.

Cet ouvrage est le *seul* publié dans cette spécialité.

MÉTHODE COMPLÈTE DE PIANO, op. 45, 2e édition. par *Alexis* DE GARAUDÉ, et qui contient aussi beaucoup d'*exercices*, *préludes, leçons* et *études*, par J. HERZ, JADIN, LEVASSEUR (140 pages, prix marqué.. 25 »

Le même, 1re *partie*, contenant 170 *exercices* ; les *gammes*, 20 *préludes faciles*, 63 *leçons progressives*, tirées des morceaux favoris du Théâtre Italien (76 pages)........................ 15 »

Le même, 2e *partie*, contenant les *gammes de 4 octaves* et les *gammes en tierces* dans tous les tons ; 30 préludes, un *Répertoire de traits difficiles*, servant à faire connaître toutes les règles du doigté ; 12 *Études brillantes* et une *Méthode pour accorder le Piano*.............. 15 »

Cette MÉTHODE, d'un prix très modique (25 fr., prix marqué pour 140 pages in-4°), est *une des seules* qu'on puisse étudier *consécutivement*, étant très élémentaire, progressive, sans ennui, et offrant des *résultats certains* par l'utilité de ses nombreux exercices qui tendent à développer rapidement l'exécution. La 1re *partie* seule est plus suffisante que beaucoup d'autres Méthodes dont le prix est plus cher.

Dans la première année de leçons, il devient important de s'accoutumer à lire beaucoup de *Musique très facile* pour le Piano. On croit devoir recommander de mélanger avec l'étude de la MÉTHODE, 12 SONATES très faciles et *doigtées*, qui sont spécialement composées pour faire acquérir progressivement et facilement le parfait mécanisme de toutes les formules de traits, de batteries sur les accords, etc., qui sont en usage dans la musique du piano; chacun des morceaux étant spécialement consacré à l'étude d'une seule de ces difficultés, sous une forme agréable pour l'élève. Le préjugé que quelques critiques superficiels attachent au mot *sonate* est d'autant plus ridicule, que les titres modernes dont on pare de petites nouveautés élémentaires sont au moins très burlesques! D'ailleurs, ces 12 SONATES ne doivent se considérer que comme *complément utile* d'une MÉTHODE DE PIANO, et comme étant une espèce de SOLFÉGES ou EXERCICES *de lecture musicale* pour les jeunes Pianistes.

Ces 12 SONATES se vendent, prix net, 8 fr., ou 15 fr. avec la MÉTHODE COMPLÈTE DE PIANO.

L'HARMONIE RENDUE FACILE, ou *Théorie pratique* de cette science et d'accompagnement de la *basse chiffrée et de la partition*, rédigée de manière à pouvoir *étudier seul*, au moyen de *Leçons* à faire par l'élève sur chaque accord de la 1re partie. On consultera ensuite le *corrigé* de ces leçons qui se trouve dans la 2e partie, op. 44, ce qui (au moyen des *nota* explicatifs) pourra remplacer les avis du professeur.. 30 »

Il existe beaucoup de Traités d'harmonie rédigés par des Compositeurs célèbres. Malheureusement ils sont plus ou moins diffus et obscurs, et tous exigent l'adjonction des leçons d'un professeur. Celui-ci est le seul au moyen duquel cette dépense pourrait devenir superflue; ce motif et la clarté concise de ces préceptes, toujours développés par de nombreux exemples, ont valu à cet ouvrage un très grand succès en France et à l'étranger. Il est exempt de toute aridité classique, et peut rendre familier l'usage des diverses modulations, cadences, pédales, marches harmoniques, etc.

MÉTHODE DE VIOLON, avec 3 duos faciles sur les 3 *premières positions*, à l'usage des Lycées ou Collèges. Elle contient toutes *les gammes* et *Exercices* préparatoires........................ 9 »

MÉTHODE D'ALTO-VIOLA.. 5 »

MUSIQUE SACRÉE.

1re MESSE SOLENNELLE à 3 voix (*Soprano, Contralto, Basse*), avec orgue ou piano, op. 43, dédiée à CHÉRUBINI.
Parties d'orchestre.. 15 »
                                      .... 18 »
2e MESSE à 3 voix (*Soprano, Ténor et Basse*), dédiée à ROSSINI, op. 47........................ 25 »
Parties de chant.. 10 »
Parties d'orchestre.. 25 »
3e MESSE à 3 *voix égales*, pour la Maison nationale de Saint-Denis, op. 63, avec orgue...... 20 »
Parties de chant.. 9 »
Parties d'orchestre.. 20 »
4e MESSE à 2 voix (*Ténor et Basse, ou Soprano et Contralto ou Basse*), avec chœurs (*ad. lib.*) et Orgue, pouvant être chantée facilement dans les *Paroisses, Couvents, Séminaires, Collèges et Pensionnats*, op. 73.. 20 »
La même, *parties de chant séparées*.. 8 »
5e MESSE à 3 *voix* (de Requiem), (*Soprano, Ténor et Basse*), avec chœurs (*ad. lib.*) et Orgue, op. 74.. 20 »
La même, *parties de chant séparées*.. 9 »
Stabat Mater à 3 voix et chœurs, dédié à F. Halévy, avec accompagnement d'orgue........ 20 »
Idem, parties de chant.. 9 »
3 ANTIENNES A LA VIERGE, à 3 *voix égales*, avec Orgue (*Regina cæli, — Salve Regina, — Memorare*).. 12 »
Idem, in-8°, sans accompagnement, prix net.. 2 50
8 CHŒURS à 3 et 4 voix (*O salutaris, — Ecce panis, — Adoremus, — Tantum ergo, — Ave Maria, — Requiem, — Pie Jesu, — Agnus Dei*), extraits de la *Méthode d'enseignement mutuel et populaire*, op. 62, sans accompagnement, in-8°; prix net........................ 2 »
Les mêmes, grand format, avec accompagnement d'orgue; prix marqué........................ 15 »

Ces Messes, d'une exécution facile, ont été chantées avec succès dans la plupart des Cathédrales de la France et des pays étrangers. L'auteur ayant été premier Ténor de la chapelle des Tuileries pendant 20 ans, a pu s'inspirer de l'audition fréquente des chefs-d'œuvre de musique sacrée de tous les grands Maîtres, et chercher à y créer des mélodies qui puissent plaire, en y conservant le caractère religieux, dont le véritable style devient si essentiel dans ce genre de composition!

Elles peuvent être chantées dans les *Écoles, Séminaires, Collèges* et *Pensionnats*.

MUSIQUE VOCALE.

3 Nouveaux AIRS *français (de Concert)*, avec *piano*, op. 59; chaque (pour voix de Soprano). 6
3 DUETTI BUFFI, pour *Soprano* et *Basso*, pour les *Soirées musicales*, op. 56 : chaque...... 6
    En recueil.. 12
100 ROMANCES avec accompagnement de piano, à........................ 1 fr. 50 c. ou 12
2 œuvres de 4 *nocturnes à 2 voix* et 2 *cavatines italiennes*, chaque........................ 7
LE DÉPART POUR L'ARMÉE, duettino pour *Soprano* et *Basse*........................ 4
3 CANTATES à 3 voix, avec chœurs, pour les distributions de prix des Pensionnats; chaque.. 7
6 CAVATINES de *concert*, paroles italiennes et françaises, chantées par Mme *Sontag*, avec piano, op. 70. Prix net.. 4
CANTABILE ET RONDÒ, de *concert*, idem, chanté par Mme *Ugalde*, op. 71. Prix net....... 2
3 BOLÉROS, pour les *soirées musicales*, paroles italiennes et françaises, op. 72. Prix net.... 3
A Chi non vuoi contento, SCENA (*Recitativo, Cantabile-Rondò*) pour les Soirées Musicales, prix net.. 2
Quel ruscelletto, cavatine pour Soprano (à 2 mouvements)........................ 3
La Romance et la Chansonnette.. 2
CANTIQUE MAÇONNIQUE, à 4 voix, avec piano.. 3
ALBERT DE GARAUDÉ : *La Placida Marina*, — *Aure Amiche*, nocturnes à 2 voix, chaque.. 4
Robin Gray. — *Désir champêtre*. — *Si c'était lui !* — *Le Rêve dans la Barque*. — *La Thébaïde*, ROMANCES.. 2
Le Prix du sang. — *La Nuit de Noël*, à.. 6
Principaux *Airs* et *Duos* des opéras de ROSSINI, MERCADANTE, PACCINI, VACCAJ, avec accompagnement de piano (paroles Italiennes), à 5 centimes la page, net, sans remise. (*Barbiere, Gazza, Otello, Italiana, Tancredi, Mosè, Zelmira, Semiramide, Matilda, Ricciardo, Cenerentola, Elisa e Claudio, Crociato, Vestale, Pirata, Bianca di Messina, Allessandro nelle Indie, Zadig, Barone di Dolsheim, Rosabianca, Temistocle, Giulietta e Romeo*, etc.)

MUSIQUE DE PIANO.

12 Suites de SONATES, MÉLANGES, etc., *faciles et doigtées*, par J. *Herz, Jadin, Levasseur, Garaudé*, etc.; prix net.. 20
GARAUDÉ, 12 SONATES *faciles et doigtées* (formant les 4 premières suites des précédentes, faisant suite et complément à la MÉTHODE DE PIANO), op. 29 et 30, prix net. 8
    do   3 SONATES DOIGTÉES, avec accompagnement de Violon, 7e suite, prix marqué. 7
    do   2e MÉLANGES D'AIRS, 9e suite, prix marqué........................ 4
6 MORCEAUX *faciles* pour l'HARMONIUM, ou ORGUE EXPRESSIF, op. 51........................ 9
Albert de GARAUDÉ, grand Trio pour Piano, Violon et Violoncelle........................ 10
SONATES A 4 MAINS, non difficiles et brillantes pour les *soirées musicales*, op. 39......... 12
FANTAISIE FACILE sur l'*air national russe*, op. 68........................ 5
FANTAISIE ET POLKA, facile pour piano et violon, op. 69........................ 6
2 QUADRILLES (*Soirées de Bougival*), Contredanses, Valses, Polka; chaque (avec une jolie lithographie).. 4

MUSIQUE DE VIOLON ET VIOLONCELLE.

Alexis de GARAUDÉ, 3 grands QUINTETTES pour 2 Violons, Alto et 2 Violoncelles, op. 16.. 15
    do   3 DUOS *faciles* sur les 3 premières positions du Violon........................ 5
    do   3 DUOS *faciles* pour 2 Violons, dédiés aux Lycées, op. 2........................ 6
    do   6 DUOS, op. 28, pour 2 Violons, dédiés à R. Kreutzer, 1re et 2e Livraisons, à.... 7
    do   SCENE ou *Fantaisie mélodique*, pour le Violon (Piano ou Orchestre)........... 5
    do   3 AIRS VARIÉS pour le Violon, avec Quatuor ou Piano; chaque........................ 3
    do   SCENE pour le Violoncelle, Orchestre ou Piano........................ 5
    do   ANDANTE VARIÉS, pour le Violoncelle........................ 3
    do   FANTAISIE sur *Nel cor piu non mi sento*, pour le Violoncelle (avec Piano)...... 5
    do   FANTAISIE BRILLANTE (de Concert) pour Violoncelle avec Piano, op. 76........ 9

MUSIQUE POUR LA FLUTE.

Al. de GARAUDÉ, 3 grands SOLOS *brillants*, avec Quatuor ou Piano, chaque livraison (pour les Concerts de Société) composée d'un Allegro ou Cantabile et Rondò final.... 7
    do   3 AIRS VARIÉS, id.; chaque (avec Piano ou Quatuor)........................ 3
    do   SCENE *Fantaisie mélodique* avec Orchestre, ou Quatuor ou Piano........... 5
    do   6 DUOS *faciles* pour 2 Flûtes, 1re et 2e Livraisons, chaque........................ 6
    do   3 DUOS CONCERTANTS pour Flûte et Violon, op. 6........................ 7
    do   3 DUOS, id., id., op. 33........................ 7
    do   6 TRIOS pour Flûte, Violon et Violoncelle, dédiés à *L. Drouet*, 1re ou 2e Livraison, op. 37, à.. 9
    do   3 QUATUORS pour Flûte, Violon, Alto et Violoncelle, dédiés à TULOU, op. 23.... 9
    do   3 QUATUORS, id., op. 35........................ 12

MUSIQUE POUR LA CLARINETTE.

Al. de GARAUDÉ, 3 THÈMES VARIÉS, avec Quatuor........................ 3
    do   6 DUOS pour Clarinette et Violon, 1re et 2e Livraisons........................ 7
    do   3 QUATUORS pour Clarinette, Violon, Alto et Violoncelle........................ 9

MUSIQUE POUR LE COR.

FANTAISIE pour le Cor (avec Piano).. 5

Tous ces Ouvrages se trouvent, à Paris, chez M. DE GARAUDÉ, rue Sainte-Anne, 43, où lui et Mme *Zélia* DE GARAUDÉ, Professeur et Cantatrice de Concert, donnent leurs COURS et Leçons de *Chant*, de *Lecture musicale* et d'*Harmonie*.

Paris. — Imp. de VINCHON, rue J.-J. Rousseau, 8. — 3691.

AVIS

Sur

CETTE HUITIÈME ÉDITION.

On ne peut que répéter ici ce qui a été dit dans la précédente édition de ces SOLFÈGES

Comme *Exercices de Lecture musicale*, tous les SOLFÈGES connus jusqu'ici sont plus ou moins bons à employer successivement; car on n'obtient cette rapidité du coup d'œil et cette précision analytique instantanée, qui seules constituent les bons lecteurs, qu'après avoir solfié à première vue un très grand nombre de page de Musique. On doit en excepter cependant le SOLFÉGE DE RODOLPHE,[1] dont les divers *rhabillages* qu'on lu a fait subir n'ont pu détruire ses principaux inconvéniens, dont les suites peuvent devenir si grâves! Les intonations et la tessiture de ses Leçons sont tellement hautes et fatiguantes qu'aucun *arrangement d'Editeurs* n'a pu empêcher que leur étude n'abimât la poitrine et ne cassât la voix des jeunes élèves Son style gothique et sa pauvre harmonie, s'ils doivent être la première nourriture musicale offerte aux élèves, font germer en eux des traces inéffaçables de mauvais goût

L'absence d'une grande partie de cette dernière condition et des détails de développemens suffisans à y donner, est cause que les autres SOLFÈGES sont plus utiles comme *complément d'Etudes de lecture* que comme *premier ouvrage élémentaire* à faire étudier aux élèves qui n'ont aucune connaissance de la Musique. Un tel ouvrage doit être une espèce de Grammaire musicale, dont la bonne rédaction exige une longue pratique de l'enseignement, une parfaite connaissance des voix et l'habitude d'écrire dans les divers styles de composition Classique et moderne: conditions rarement réunies pour rendre cette Étude à la fois *agréable* et *complète* dans ses détails.

Vingt Editions des SOLFÈGES DE GARAUDÉ, gravées en France et à l'étranger, leur adoption comme base de l'enseignement élémentaire de la Musique dans les Conservatoires de France, d'Italie & sont des garans irrécusables de leur grand succès. Tous les bons Professeurs en font usage, et ont reconnu que leur étude hâtait beaucoup la rapidité dès progrès de leurs Élèves par la clarté de plan, de préceptes et d'exemples qui s'y trouvent, et par la gradation imperceptible de difficultés des Leçons élémentaires qui en sont le développement. Leur Mélodie fait aimer aux jeunes Elèves ce genre d'Etude si aride autrefois, et cependant si nécessaire! Ces SOLFÈGES, dont la *Première Partie* ne contient point d'intonations au dessus du *Fa* et du *Sol*, concourent à développer la voix, sans jamais la fatiguer. Il est à remarquer aussi que le mélange successif de style classique et de style moderne qui y règne développera leur goût et leur imagination musicale, de manière à leur faire mieux apprécier les ouvrages des Grands Maîtres Français et Etrangers.

Beaucoup *d'améliorations et 55 Leçons nouvelles* rendront cette HUITIÈME ÉDITION préférable aux précédentes; l'auteur ayant toujours considéré le succès de ses OUVRAGES CLASSIQUES comme une obligation de les perfectionner sans cesse. Il a *innové* ses nombreuses Leçons sur les *récapitulations de valeurs* et sur les *phrases imitatives*, pages 68, &.

(N. B.) Les SOLFÈGES, op. 27, sont principalement destinés à l'Enseignement individuel. Le COURS ÉLÉMENTAIRE DE LA MUSIQUE en 3 séries, op. 50, (a 10f 50c prix net) les SOLFÈGES DES ENFANS, 7e Edition, du *Do* au *Ré* à 25f (avec Po 25f, ou in 8o à 2f 50c prix net) et l'ENSEIGNEMENT MUTUEL DE LA MUSIQUE, op. 62, du même auteur (à 8f in 8o et 12f in Fo prix net) sont à l'usage des classes nombreuses, et adoptés par le Ministre de l'instruction publique pour les *Ecoles primaires et normales, les collèges*, &.

(1) On pourrait étendre cette exception aux SOLFÈGES, assez nombreux qui sont écrits avec peu de clarté et de progression méthodique, mais qui sont *très recommandés par leurs Editeurs*

SOLFÈGES
OU NOUVELLE MÉTHODE DE MUSIQUE
PAR ALEXIS DE GARAUDÉ.

Œuvre 27. ———————— Huitième Édition.

PREMIÈRE PARTIE.
PRINCIPES DE MUSIQUE

DE LA MUSIQUE.

DEMANDE. Qu'est-ce que la Musique?

RÉPONSE. C'est un art agréable dont le charme agit sur notre âme et notre imagination, en leur faisant éprouver diverses sensations analogues à ce qu'elle exprime.

D. En combien de parties peut-elle se diviser?

R. En deux parties, savoir: *la Mélodie*, qui est l'art de combiner les sons d'une manière agréable à l'oreille par leur durée, leur succession, ainsi que par leurs distances respectives; et *l'Harmonie*, qui consiste à faire entendre plusieurs sons à la fois, d'une manière régulière, ou savante.

D. Comment écrit-on la Musique?

R. Par les combinaisons de sept *Notes: Do,[a] Ré, Mi, Fa, Sol, La, Si,* qu'on place sur la *Portée*.

D. Qu'est-ce que la Portée?

R. Ce sont cinq *Lignes* parallèles tracées horizontalement, et qui renferment parconséquent quatre *interlignes*.

EXEMPLE.

5ᵉ ligne. ———————	
4ᵉ ligne. ———————	4ᵉ interligne.
3ᵉ ligne. ———————	3ᵉ interligne.
2ᵉ ligne. ———————	2ᵉ interligne.
1ʳᵉ ligne. ———————	1ᵉʳ interligne.

DES CLEFS, DES VALEURS DE NOTES, ET DES SILENCES.

D. Qu'est-ce qu'un *Clef?*

R. C'est un signe indicatif de la position des Notes sur la Portée, selon la ligne sur laquelle elle est placée, et à laquelle elle donne son nom.

D. Combien y a-t-il de *Clefs?*

R. Trois, savoir: la *Clef de Sol*, qui se place sur la 2ᵈᵉ ligne; la *Clef de Do*, qui se place sur la 1ʳᵉ ligne, ou sur la 2ᵈᵉ, ou sur la 3ᵐᵉ, ou sur la 4ᵐᵉ, et la *Clef de Fa*, qui se place sur la 3ᵐᵉ ligne, ou sur la 4ᵐᵉ

EXEMPLES.

(*) Autrefois, cette première Note se nommait *Ut*.

D. Quel est le but et l'emploi d'un aussi grand nombre de Clefs?

R. Elles servent à pouvoir écrire dans la portée toute l'étendue des sons des diverses espèces de Voix et d'Instrumens, depuis les plus graves jusqu'aux plus aigus. (Voyez 2ᵈᵉ Partie, Page 246.)

D. Sur la clef de Sol, quel est le nom des notes placées sur les cinq lignes et dans les quatre interlignes?

R. La note placée sur la 1ʳᵉ ligne est *Mi*; sur la 2ᵈᵉ ligne, *Sol*; sur la 3ᵐᵉ ligne, *Si*; sur la 4ᵐᵉ ligne, *Ré*; sur la 5ᵐᵉ ligne, *Fa*.

La Note placée dans le 1ᵉʳ interligne est *Fa*; dans le 2ᵈ interligne *La*; dans le 3ᵐᵉ interligne *Do*; dans le 4ᵐᵉ interligne *Mi*

EXEMPLES.

D. N'y a-t-il pas d'autres notes placées au-dessus ou au-dessous de la Portée?

R. Oui; outre le *Ré*, placé immédiatement au-dessous de la portée, on peut ajouter plusieurs petites lignes, dites *additionnelles*. Sur la 1ʳᵉ se place le *Do*; sur la 2ᵈᵉ le *La*, entre ces deux lignes le *Si*, et au-dessous des deux lignes le *Sol*.

La Note placée au-dessus de la portée est *Sol*; sur la 1ʳᵉ ligne additionnelle *La*; sur la 2ᵈᵉ *Do*; sur la 3ᵐᵉ *Mi*; au-dessus de la 1ʳᵉ ligne *Si*; au-dessus de la 2ᵈᵉ *Ré*; et au-dessus de la 3ᵐᵉ *Fa*.

EXEMPLES.

D. Ne peut-on pas éviter l'effet confus des lignes additionnelles, placées au-dessus de la portée.

R. Oui; en surmontant les Notes de ce signe 8ᵛᵃ - - - - - - qui signifie qu'on doit les exécuter à l'octave supérieure jusqu'au mot *loco*; ou en employant une nouvelle clef, appelée *Clef d'octave*. ‖ 8 ‖

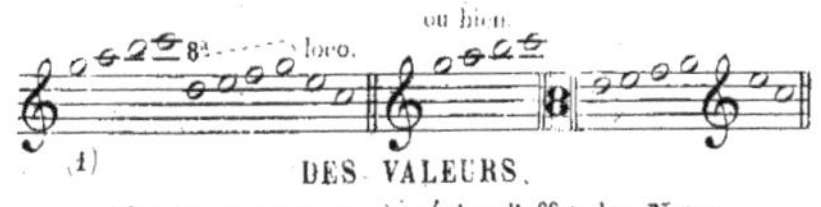

DES VALEURS.

D. Comment peut-on apprécier l'effet des Notes.

R. Par leur durée, qui se nomme *Valeur*, et par la distance respective de leurs intonations, qui se nomme *Intervalle*. (Voyez Pages 6 et 17.)

D. Comment s'indique la valeur des Notes?

R. Par leur figure et le nom qu'elle représente, savoir: la *Ronde*, la *Blanche*, la *Noire*, la *Croche*, la *double Croche*, la *triple Croche*, et la *quadruple Croche*.

D. Quelle est la valeur de la Ronde?

R. La Ronde vaut 2 Blanches ou 4 Noires ou 8 Croches ou 16 doubles Croches ou 32 triples Croches

D. Quelle est la valeur de la Blanche?

R. La Blanche vaut 2 Noires ou 4 Croches ou 8 doubles Croches ou 16 triples Croches

D. Quelle est la valeur de la Noire?

R. La Noire vaut 2 Croches ou 4 doubles Croches ou 8 triples Croches

D. Quelle est la valeur de la Croche?

R. La Croche vaut 2 doubles Croches ou 4 triples Croches

D. Quelle est la valeur de la Double Croche?

R. La double Croche vaut 2 triples Croches ou 4 quadruples Croches

D. N'y a t'il point de Valeurs plus longues que la Ronde?

R. Oui, ce sont la *Maxime* qui vaut quatre Rondes, et la *Brève* qui en vaut deux. Elles étaient employées dans l'ancienne musique d'Eglise, et ne sont plus usitées maintenant.

EXEMPLE.

La Maxime vaut 2 Brèves ou 4 Rondes

D. Les Notes ne peuvent elles aussi être représentées par des figures de silences équivalentes de leur durée?

R. Oui, ce sont la *Pause*, Silence de la Ronde; la *demi-Pause*, Silence de la Blanche; le *Soupir*, Silence de la Noire; le *demi-Soupir*, Silence de la Croche; le *quart de Soupir*, Silence de la double Croche; le *demi-quart de Soupir*, Silence de la triple Croches,&.(Voyez Page 52) et suivantes.)

EXEMPLES.

Pause.	Demi pause.	Soupir.	Demi soupir.	Quart de soupir.	Demi quart de soupir.
vaut une Ronde.	vaut une Blanche.	vaut une Noire.	vaut une Croche.	vaut une double Croche.	vaut une triple Croche.

D. Comment indique-t-on le Silence de plusieurs Mesures?

R. Par des *Bâtons* de 2 mesures ou de 4 mesures, surmontés d'un chiffre indicatif du nombre de ces mesures.

EXEMPLES.

(1) Voyez, Page 128 les Exercices pour apprendre les Notes de la Clef de Fa, et, dans la 2ᵈᵉ partie, de semblables Exercices sur toutes les autres Clefs. On exagère infiniment la difficulté de cette étude; rien n'est plus facile en y employant les moyens que j'indique.

D. Quel est l'effet du *Point d'accroissement?*

R. Le Point, placé après une Note ou un Silence, prolonge sa valeur de moitié. Ainsi donc, une Ronde pointée vaut 3 Blanches; une Blanche pointée vaut 3 Noires; une Noire pointée vaut 3 Croches; une Croche pointée vaut 3 doubles Croches; un double Croche pointée vaut 3 triples Croches. &. EXEMPLE.

VALEURS ÉQUIVALENTES.

Voyez, Pages 21 22 et 45.

D. Quel est l'effet du *Double Point?*

R. Un second point, placé après le premier, augmente encore cette valeur de la moitié de celle de ce premier point.

EXEMPLE.

Voyez, Page 65.

D. Qu'entend-on par *Enjambement du Point?*

R. C'est une manière d'écrire les notes pointées, de sorte que le point se trouve placé au frapper de la mesure suivante.

EXEMPLES.

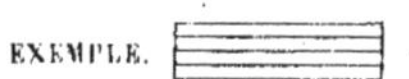

Voyez Page 65.

D. Qu'est-ce qu'un *Triolet* ou *Triade?*

R. On nomme aussi trois Notes d'égale valeur, qui doivent s'exécuter dans le même espace de tems que le seraient deux Notes de même figure.

D. N'ont ils pas un signe indicatif?

R. On les surmonte ordinairement d'un 3, ou d'un 6, lorsque deux *Triolets* se trouvent réunis: étant crochés ensemble. Quelquefois cependant ces chiffres sont supprimés.

D. Le silence mêlé avec deux Notes équivalentes ne devient il pas un *Triolet?*

R. Oui, la valeur en est la même.

EXEMPLES.

Voyez Page 70.

DE LA MESURE.

D. Qu'est ce que la *Mesure?*

R. C'est la division de la durée des Notes ou des Silences en plusieurs parties égales qu'on nomme *tems*, et qui sont renfermés entre deux petites barres verticales.

EXEMPLE.

D. Qu'entend-on par *Battre la mesure?*

R. C'est marquer également la division des tems par un mouvement de pied ou de main.

D. Combien y a t'il de sortes de mesures?

R. Trois primitives, qui sont: la *Mesure à quatre tems,* la *Mesure à deux tems,* et la *Mesure à trois tems.*

EXEMPLES.

D. Ces mesures primitives n'en produisent-elles pas plusieurs autres?

R. Oui: par l'augmentation ou la diminution de leurs valeurs dans chacun de leurs tems.

Toutes les mesures se divisent en *Simples* et en *Composées.*

D. Qu'est-ce qu'une *Mesure simple?*

R. On nomme ainsi celle dont chaque tems est *binaire,* c'est-à-dire qui ne peut se diviser qu'en deux parties égales, telles que deux Noires, ou deux Croches, &. selon la longueur de ces Mesures, dont le premier chiffre (qui est toujours 2 ou 3 ou 4) sert aussi à indiquer le nombre de tems contenus dans cette mesure.

EXEMPLES.

de *Mesures Simples* ou *Binaires.*

D.   Qu'est-ce qu'une *Mesure composée?*

R.   On nomme ainsi celle dont chaque tems est *ternai-re*, c'est-à-dire, ne pouvant se diviser qu'en trois parties égales, au lieu de deux des valeurs précédentes. Le premier chiffre des mesures composées est toujours 6 ou 9 ou 12. (Voyez 2de PARTIE.)

EXEMPLES.

de *Mesures Composées* ou *ternaires.*

D.   Comment chiffre-t-on les Mesures simples?

R.   Par deux chiffres, dont le premier indique le nombre des tems contenus dans la mesure, et le second la valeur de chaque tems.

D.   Quelle est la valeur de notes qui sert de régulateur à toutes les mesures?

R.   La Ronde, qui est représentée par le chiffre 1. En conséquence, le 2 en désigne la deuxième partie c'est-à-dire une Blanche; le 4 désigne une Noire ou le quart de la Ronde; le 8 désigne une Croche ou huitième de la Ronde; le 16 désigne une double Croche ou seizième de la Ronde, &.

D.   Chaque mesure simple ne peut elle pas produire une Mesure composée?

R.   Oui; en ajoutant un point à ses principales valeurs: ce qui la rend alors ternaire.

TABLEAU

de toutes les *Mesures Simples* et *Composées.*

(NOTA.) Chaque 2de ligne de l'Accolade contient la mesure composée produite par la mesure simple indiquée dans la première ligne.

Mesures à deux tems.

Mesures à trois tems.

D.   N'y a-t-il point encore d'autres mesures?

R.   Oui; la mesure simple à $\frac{2}{1}$ qui produit la mesure composée à $\frac{6}{2}$; la mesure simple à $\frac{3}{1}$ qui produit la mesure composée à $\frac{9}{2}$; la mesure simple à $\frac{4}{1}$ qui produit la mesure composée à $\frac{12}{2}$. Ces diverses *Mesures longues* étaient en usage dans l'ancienne musique d'église. Elles ont été supprimées depuis plus d'un siècle, attendu qu'on peut remplacer leur effet par les mots *Largo, Adagio*, placés en tête des mesures ordinaires à *deux tems* à *trois tems* et à *quatre tems.*

La même réflexion et le même résultat peuvent s'appliquer aux *Mesures rapides* à $\frac{2}{8}$ et à $\frac{6}{16}$.

Des INTERVALLES; des TONS et des DEMI-TONS.

D.   Qu'est-ce qu'un *Intervalle?*

R.   C'est l'appréciation de la distance plus ou moins grande qui existe entre l'intonation d'une Note et celle qui la suit ou qui la précède.

D.   Qu'est-ce qu'un *Ton?*

R.   C'est un Intervalle composé d'environ 9 *Coma* ou de 2 demi-tons, dont l'un est *Chromatique*, et l'autre *Diatonique.*

EXEMPLE.   

D. Quelle différence y a-t-il entre ces deux espèces de demi-tons?

R. Le demi-ton Chromatique est celui dont le nom des deux notes reste le même. Dans le demi-ton Diatonique au contraire, les deux notes ont un nom différent.

EXEMPLES.

D. Quel est le nom des Intervalles, et de combien de *tons* sont-ils composés?

R. L'Intervalle de *Seconde* est composé d'un ton; l'intervalle de *Tierce* de deux tons; l'intervalle de *Quarte* de deux tons et demi; l'intervalle de *Quinte* de trois tons et demi; l'intervalle de *Sixte* de quatre tons et demi; l'intervalle de *Septième* de cinq tons et demi; l'intervalle d'*Octave* de cinq tons et deux demi-tons. Ces Intervalles sont *Naturels*, parcequ'ils ne sont altérés par aucun Dièze ou Bémol étrangers à la gamme du Ton où l'on est.

EXEMPLE des *Intervalles naturels*.

Voyez page 18 à 26.

D. Ces Intervalles ne peuvent ils se doubler à l'octave?

R. Oui; alors on les nomme *Intervalles composés*, la Seconde devient *Neuvième*; la Tierce *Dixième*; la Quarte *Onzième*; la Quinte *Douzième* &.

EXEMPLE des *Intervalles composés*.

D. Les Intervalles ne sont ils pas susceptibles de diverses modifications?

R. Oui; ils peuvent être *majeurs, mineurs, augmentés* ou *diminués*, selon le nombre de tons ou demi-tons dont ils sont composés: ce qui produit donc trois espèces de Secondes, autant de tierces, de quartes, &.

D. Qu'est-ce que le *Renversement* d'un Intervalle?

R. C'est mettre au *grave* la note de cet intervalle qui était à l'*aigu*, et *vice versa*; alors l'unisson devient *Octave*, la Seconde devient *Septième*, la Tierce devient *Sixte* &. L'exemple et le tableau suivans feront connaître, les diverses modifications et renversemens des intervalles. (Voyez page 7.)

DES SIGNES ALTÉRATIFS.

D. Quel sont les Signes *Altératifs*?

R. Le *Dièze*, dont l'effet est de hausser d'un demi-ton l'intonation de la note qui le suit; le *Bémol*, qui la baisse d'un demi-ton, et le *Bécarre*, qui la remet dans son intonation précédente.

EXEMPLES.

Voyez page 36.

D. Combien y a-t-il de Dièzes et de Bémols, et quelle est leur position?

R. Il y a sept Dièzes, qui se placent par quinte en montant, et par quarte en descendant; et sept Bémols, qui se placent par quarte en montant, et par quinte en descendant.

D. Quel est l'effet des *doubles Dièzes*? (♯♯ ou X)

R. De hausser d'un ton l'intonation d'une Note, ou d'un demi-ton celle qui est déjà altérée par un Dièze.

D. Quel est l'effet du *double Bémol*? (♭♭)

R. De baisser d'un ton l'intonation d'une Note, ou d'un demi-ton celle qui est déjà altérée par un Bémol.

D. Comment détruit-on l'effet du double Dièze et du double Bémol?

R. Pour le premier par un simple Dièze; pour le second par un simple Bémol.

EXEMPLES.

D. Quel est l'effet général de tous les Signes altératifs?

R. Ils subsistent dans une même mesure sur toutes les Notes de même nom qu'ils ont altérés, à moins que cette altération ne soit détruite par un Bécarre.

EXEMPLES.

TABLEAU
de tous les INTERVALLES et de leurs RENVERSEMENS.

Les Intervalles de SECONDE

2de mineure.	2de majeure.	2de augmentée. (4)
un demi-ton.	un ton.	un ton et demi.

deviennent des SEPTIÈMES.

7me majeure.	7me mineure.	7me diminuée.
5 tons et demi.	4 tons et 2 demi-tons.	5 tons et 3 demi-tons.

Les Intervalles de TIERCE.

3ce diminuée.	3ce mineure.	3ce majeure.
2 demi-tons.	un ton et demi.	2 tons.

deviennent des SIXTES.

6te augmentée.	6te majeure.	6te mineure.
4 tons et 2 demi-tons.	4 tons et 1 demi-ton.	3 tons et 2 demi-tons.

Les Intervalles de QUARTE.

4te diminuée.	4te juste.	4te augmentée.
1 ton et 2 demi-tons.	2 tons et demi.	3 tons.

deviennent des QUINTES.

5te augmentée.	5te juste.	5te diminuée.
3 tons et 2 demi-tons.	3 tons et demi.	2 tons et 2 demi-tons.

Les Intervalles de QUINTE.

5te diminuée.	5te juste.	5te augmentée.
2 tons et 2 demi-tons.	3 tons et 1 demi-ton.	3 tons et 2 demi-tons.

deviennent des QUARTES.

4te augmentée.	4te juste.	4te diminuée.
3 tons.	2 tons et 1 demi-ton.	1 ton et 2 demi-tons.

Les Intervalles de SIXTE.

6te mineure.	6te majeure.	6te augmentée.
3 tons et 2 demi-tons.	4 tons et 1 demi-ton.	4 tons et 2 demi-tons.

deviennent des TIERCES.

3ce majeure.	3ce mineure.	3ce diminuée.
2 tons.	1 ton et demi.	2 demi-tons.

(1) Il est à remarquer que cet Intervalle de *Seconde augmentée* contient deux demi-tons chromatiques et un demi-ton diatonique, tandis que celui qui porte le nom de *Tierce diminuée*, et qui semblerait devoir être plus considérable, ne contient que deux demi-tons diatoniques.

Les Intervalles de SEPTIÈME.

7me diminuée.	7me mineure.	7me majeure.
3 tons et 3 demi-tons.	4 tons et 2 demi-tons.	5 tons et demi.

deviennent des SECONDES.

2de augmentée.	2de majeure.	2de mineure.
1 ton et demi.	un ton.	un demi-ton.

D. Le tableau ci-dessus du renversement des Intervalles, ne donne-t-il point lieu à quelqu'autre observation?

R. Il en résulte les trois règles suivantes:

1° Tout *intervalle majeur* devient *mineur*, et tout *intervalle mineur* devient *majeur*, étant renversé.

2° Tout *intervalle augmenté* devient *diminué*, et tout *intervalle diminué* devient *augmenté*.

3° Tout *intervalle juste* reste de même, étant renversé.

DES GAMMES.

D. Qu'est-ce qu'une Gamme?

R. C'est une suite de Notes par degrés conjoints, qui montent ou descendent dans leur ordre successif, depuis la *Tonique* jusqu'à son octave.

D. Qu'est-ce que la Tonique?

R. C'est la note du Ton dans lequel est écrit un morceau de musique. Ce Ton est indiqué à la clef par les Dièzes ou Bémols qui y sont placés.

D. Peut-on faire une Gamme sur d'autres notes que sur la Tonique indiqué à la clef?

R. Oui; dans le courant d'un morceau, on peut, en modulant, amener une nouvelle Tonique placée sur un ton ou demi-ton quelconque, et faire la Gamme, à partir de cette Tonique.

D. Combien y a-t-il de sortes de Gammes?

R. Deux: la *Gamme Diatonique* et la *Gamme Chromatique*.

D. Qu'est-ce que la Gamme Diatonique?

R. C'est celle qui est toujours composée de cinq tons et deux demi-tons. Le premier demi-ton se place du 3me au 4me dégré, et le second du 7me au 8me

GAMME DIATONIQUE.

D. Peut-on faire cette gamme dans tous les tons?

R. Oui; dans tous les *tons majeurs*, le placement des tons et demi-tons reste toujours le même que dans l'exemple ci-dessus. (1)

D. Qu'est-ce que la Gamme Chromatique?

R. C'est celle où l'on procède par demi-tons, soit par l'emploi des Dièzes, soit par celui des Bémols.

(1) Voyez page 36 le tableau des Gammes majeures et mineures dans tous les tons avec leurs accords parfaits.

GAMME CHROMATIQUE.

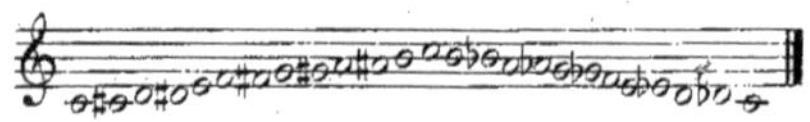

D.　Qu'entend-on par Notes *Enharmoniques* ou *Synonymes?*

R.　Ce sont deux Notes de noms différens, dont l'intonation est la même, à la différence près d'un *comma* ou neuvième partie d'un ton.

EXEMPLES.

(Voyez, 2ᵉ PARTIE, Page 178.)

DES MODES.

D.　Combien y a-t-il de *Modes?*

R.　Deux: le *Mode majeur*, dont la tierce et la sixte sont toujours majeures; et le *Mode mineur*, dont la tierce et la sixte sont mineures.

EXEMPLES.

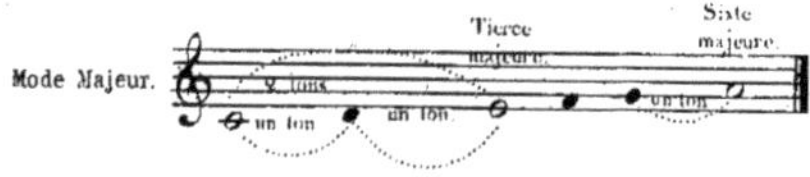

Autre EXEMPLE
du Mode majeur.

EXEMPLE de la même phrase de chant, dans le *Mode mineur*.

Il résulte de ces exemples que toute phrase musicale majeure peut devenir mineure en baissant sa tierce d'un demi-ton, et que toute phrase mineure peut devenir majeure en haussant sa tierce d'un demi-ton

D.　Quelle différence y a-t-il entre la gamme majeure et la gamme mineure?

R.　Dans la gamme majeure, les deux demi-tons se trouvent toujours placés de la 3ᵐᵉ à la 4ᵐᵉ note, et de la 7ᵐᵉ à la 8ᵐᵉ, selon l'exemple ci-dessus; tandis que, dans la gamme mineure, le premier demi-ton se trouve placé de la 2ᵈᵉ à la 3ᵐᵉ note; et, lorsque cette dernière gamme est *descendante*, la 7ᵐᵉ note ou *Note sensible* se baisse d'un demi-ton.

D.　N'y a-t-il point une exception relativement à la Sixte dans la gamme mineure ascendante?

R.　Oui; il est d'usage, surtout dans les mouvemens vites, de rendre la Sixte majeure en formant l'intervalle d'un ton, de la 5ᵐᵉ à la 6ᵐᵉ note, afin d'éviter l'intervalle de seconde *augmentée* dont l'effet est dur à l'oreille.

GAMME MINEURE.

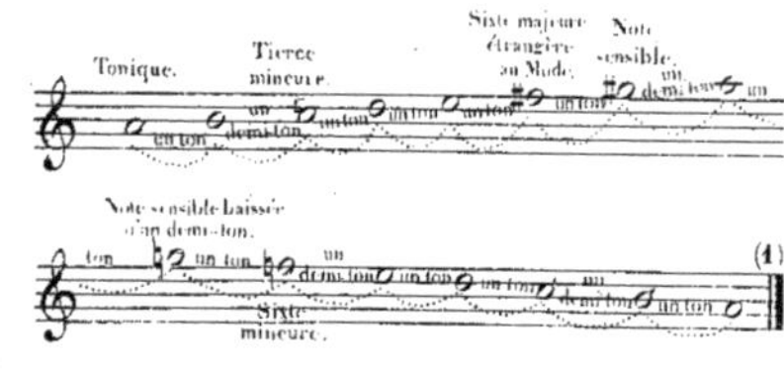

DES GENRES.

D.　Qu'est-ce qu'on entend par *Genre* en musique?

R.　C'est l'effet qui résulte d'une manière particulière d'écrire une phrase mélodique.

---

(1) Voyez, page 36 des explications plus étendues sur les Modes et sur leurs Gammes.

D. Combien y a-t-il de *Genres?*

R. Trois: le *Genre Diatonique*, dont la mélodie ne se compose que de tons et demi-tons diatoniques;

EXEMPLE. 

Le *Genre chromatique*, qui se compose de notes Diatoniques et Chromatiques.

EXEMPLE. 

Le *Genre Enharmonique*, dans lequel on emploie les notes Synonymes.

EXEMPLE. 

DE LA MANIÈRE DE CONNAITRE LE TON
D'UN MORCEAU DE MUSIQUE.

D. Comment peut-on connaître dans quel ton un morceau de musique est composé?

R. Par les Dièzes ou Bémols qui se trouvent à la clef, ou par l'absence de ces signes altératifs.

D. Ces Signes ne peuvent-ils indiquer qu'un seul ton?

R. Ils indiquent toujours deux tons; l'un majeur, l'autre mineur dont la Tonique se trouve toujours une tierce mineure au dessous de la Tonique majeure.

EXEMPLE AVEC DES DIÈZES.

EXEMPLE AVEC DES BÉMOLS.

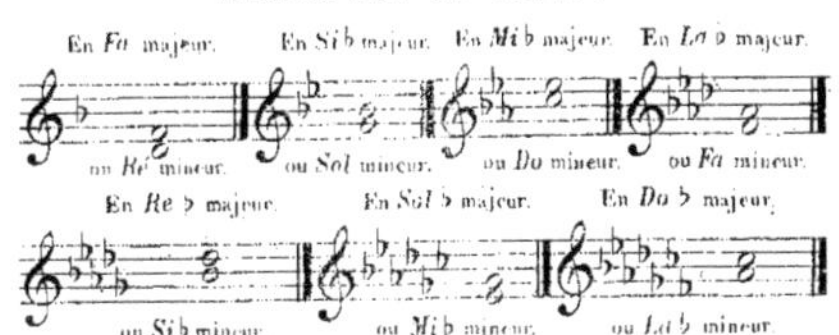

(1) (Voyez page 178.) Quelquefois, on désigne les synonymes en les surmontant de ce signe ∧.

D. Comment reconnait-on la Tonique à l'inspection de la clef?

R. Lorsqu'il n'y a ni Dièzes, ni Bémols, on est en *Do* majeur ou dans son *ton relatif*, qui est *La* mineur. Lorsqu'il y a des Dièzes, la Tonique en majeur se trouve un demi-ton au dessus du dernier Dièze, qui en est la note sensible. Lorsqu'il y a des Bémols, la Tonique majeure se trouve une quarte au dessous du dernier Bémol. Lorsqu'il y a plusieurs Bémols, l'avant dernier est toujours la Note du Ton majeur.

D. Comment peut-on discerner, à l'inspection de la clef, dans lequel des deux Modes est un morceau?

R. En cherchant dans les premières mesures du chant ou de la Basse *Si la quinte du Ton majeur présumé est juste;* dans ce cas, on est dans ce Ton. Si au contraire, *cette quinte est augmentée,* elle devient note sensible du Ton relatif mineur.

EXEMPLES.

D. Cette règle est-elle la même pour les Tons bémolisés?

R. Oui. (Voyez page 36.)

D. N'y a-t-il point d'autre moyen de reconnaitre le Ton d'un morceau?

R. Par la dernière note de la Basse de ce morceau. Cette dernière Note est invariablement la Tonique.

DE DIVERS AUTRES SIGNES USITÉS
DANS LA MUSIQUE.

D. Qu'est-ce que l'*Accolade?*

R. C'est un signe qui se marque ainsi: } ou [Il sert à réunir plusieurs parties d'un morceau en une seule et même ligne, afin qu'au bout de la ligne de chacune de ces parties, on les reprenne à l'accolade suivante.

D. Quels sont les endroits où l'on peut prendre la *respiration* dans les Solféges ou Morceaux de chant.

R. Partout où il y a des Silences; à la fin de chaque phrase musicale, ou de chacun des membres de cette Phrase où le sens est presque terminé. Les respirations s'indiquent par une Virgule, (,) lorsqu'il ne se trouve point de Silences.

D.   Qu'est-ce que la *Liaison?*

R.   C'est une ligne courbe qui, placée sur plusieurs notes à l'unisson, indique qu'il faut les soutenir d'un seul le respiration. La liaison placée sur plusieurs notes différentes, indique aussi qu'il faut les lier d'un seul coup de gosier ou d'un seul coup d'archet.

EXEMPLE.

D.   Qu'est-ce qu'une *Syncoper?*

R.   C'est la prolongation sur un *tems fort* (qui a plus de poids et d'effet) d'un son commencé sur un *tems faible*, et qui se trouve coupé par le frapper de la mesure suivante.

    La *Syncope ordinaire* se compose de deux valeurs égales. Dans la *Syncope brisée*, la seconde valeur est moindre que la première.

EXEMPLES.

SYNCOPES ORDINAIRES.   SYNCOPES BRISÉES.

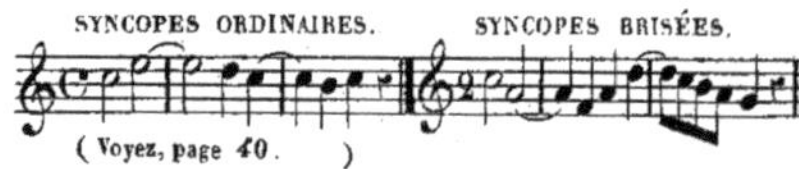

(Voyez, page *40*.)

D.   Qu'est-ce qu'une Note *piquée* ou *détachée?*

R.   Ces Notes ont un effet contraire à celui des Notes liées ou coulées. Cet effet est sec, comme si la Note était suivie d'un Silence.

EXEMPLE. 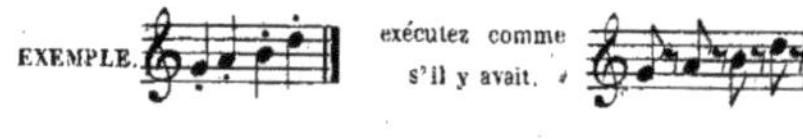

exécutez comme s'il y avait.

D.   Qu'est-ce qu'un *Point d'orgue?*

R.   C'est un tems d'arrêt sur lequel on reste à volonté; il se marque ainsi ⌢, et se place sur les Notes et sur les Silences. (Voyez page *40*)

D.   Qu'est-ce qu'une *Reprise?*

R.   Ce sont deux barres souvent précédées ou suivies de deux points; ces points indiquent qu'il faut exécuter deux fois le morceau du côté duquel ils sont posés. (Voyez page 26)

EXEMPLES 

D.   Qu'est-ce qu'un *Renvoi?*

R.   C'est un signe qui indique qu'il faut reprendre à un autre signe semblable; il se marque ainsi: ℁ Il est ordinairement suivi de *D. C* ou *Da Capo.* (Voyez page *40*)

D.   Qu'est-ce que le *Guidon?*

R.   C'est un signe qui se place quelquefois a la fin d'une ligne pour indiquer la 1re note de la ligne suivante. Il se marque ainsi: ∿

DES ABRÉVIATIONS MUSICALES.

D.   Comment s'indiquent les principales abréviations?

R.   Par les formules ci-après:

DES MOUVEMENS.

D.   Qu'entend-on par *Mouvement?*

R.   C'est le dégré de lenteur ou de vitesse qu'on donne à la mesure.

    Les divers *Mouvemens* sont toujours indiqués en tête de chaque morceau, (s'il vient a en changer) par un ou plusieurs mots Italiens, dont on trouvera ci-après la signification la plus usitée.

    Les Mouvemens se divisent en trois classes principales:

1. Les *Mouvemens lents* qui sont:

Grave	Grâve et sévère.
Largo	Large et très lent.
Larghetto	Un peu moins lent.
Lento Sostenuto	Lent et soutenu.
Adagio	Lent avec noblesse.
Cantabile	Un peu moins lent, en chantant avec grâce.

2. Les *Mouvemens modérés* qui sont:

Andantino	Diminutif d'*Andante*.
Siciliano	Même mouvement, d'un Rythme plus marqué.
Maestoso	Majestueux.
Grazioso	Avec grâce.
Andante	Mouvement marqué, sans vitesse.
Allegretto ou *All^o*	Moins vite que l'*Andante*.
Tempo giusto	Mouvement convenable au morceau.

Tempo di marcia ....Mouvement de marche.

Moderato ....Mouvement modéré.

3º Les *Mouvemens vifs* qui sont:

Allegro ou *All?* ma non troppo ....Moins vite que l'*Allegro*.

Allegro ou *All?* ....Mouvement vif et gai, qu'on peut accroître en y ajoutant les mots *assai* ou *vivace* ou *molto* ou *con moto*.

Presto ....Vite.

Prestissimo ....Très vite.

D. N'a-t-on point inventé un Instrument qui indique avec précision tous les mouvemens, selon la véritable inritable intention de l'auteur?

R. Oui; il se nomme *Métronome*. Le mouvement lent ou vite à tous les degrés imprimé à un balancier correspond à des chiffres appliqués aux diverses valeurs de notes.

D. N'y a-t-il pas encore quelques autres mots italiens adaptés aux mouvemens?

R. Oui; ce sont *Agitato*, agité; *più mosso*, plus animé; *con brio*, avec éclat et gaité; *scherzando*, en plaisantant &. Dans le courant du morceau on trouve souvent *ad libitum* ou *a piacere*, à volonté; *colla parte* ou *colla voce*, suivez la voix; *a tempo*, premier mouvement: &. (Voyez, pages 48 et suivantes)

DES NUANCES.

D. Qu'entend-on par *Nuance?*

R. C'est le degré de force ou de faiblesse qu'on donne au son: ce qui devient, en quelque sorte, les matériaux de l'expression musicale. Les Nuances s'indiquent par les signes en mots italiens suivans:

Piano ou *dolce* par abréviation *P* ou *dol* ....doux.

Pianissimo ....*PP* ....très doux.

Crescendo ou ⏐⊂ *cres* ....en augmentant la force du son.

Decrescendo ou ⊃⏐ *decres* ....en diminuant la force du son.

⊂⊃ Son ou Phrase filée. ....réunion des deux signes précédens.

Mezzo forte ....*mf* ou *mez f* ....demi-fort.

Forte ....*f* ....Fort

Fortissimo ....*ff* ....très fort.

Sforzando ou *Rinforzando*, *Sf* ou *rinf* ou *rf* en renforçant le son subitement.

Mezza voce ou *Sotto voce* ....à demi-voix.

Smorzando ou *Diminuendo*, *Smorz* ou *dim* en diminuant

Calando, *Perdendosi* ....(le son peu à peu

(Voyez page **49** et suivantes.)

DES NOTES D'AGRÉMENT.

D. Qu'est-ce que les *Notes d'agrément?*

R. Ce sont de *petites Notes*, dites *Notes de goût*, que l'on ajoute aux valeurs ordinaires de la mesure, dont elles ne font jamais partie. Elles n'appartiennent pas à l'harmonie; mais seulement à la Mélodie. Il est d'usage de ne point les nommer en solfiant, il faut en chanter les intonations par le nom de la grosse note qui les suit.

D. Quelles sont les diverses espèces de Notes d'agrément?

R. L'*Acciacature*, L'*Appoggiature simple et double* le *Gruppetto* de diverses espèces et le *Trille*.

D. Qu'est-ce que l'*Acciacature*.

R. C'est une petite note exécutée avec rapidité et qui est placée devant une grosse note, sur la valeur de laquelle elle n'influe presque point.

D. Qu'est-ce que l'*Appoggiature simple?*

R. C'est une petite note sur laquelle on appuie la voix, et qui emprunte la moitié de la valeur de la grosse note suivante. Lorsqu'elle est placée à un degré au dessous, son intervalle doit toujours former un demi-ton.

12

D. L'*Appoggiature simple* n'a-t-elle pas une valeur différente devant les notes pointées?

R. Oui, elle emprunte les deux tiers de la valeur.

EXEMPLE.

Manière de solfier en valeur réelle.

D. Qu'est-ce que l'*Appoggiature double*?

R. C'est une petite note, répétition du son précédent, sur laquelle on appuie la voix.

EXEMPLE.

Manière de solfier.

D. Qu'est-ce qu'un *Gruppetto*?

R. C'est un groupe de plusieurs notes placées devant ou après une grosse note, et qui doivent s'exécuter avec vitesse et légéreté.

D. Combien y en a-t-il d'espèces?

R. Trois principales. La première est un agrément composé de trois petites notes formant une tierce mineure ou diminuée. On doit fixer un peu la voix sur la première petite note.

EXEMPLE de la 1re Espèce.

Manière de solfier.

EXEMPLE de la 2e Espèce.

Manière de solfier.

EXEMPLE de la 3e Espèce dite Mordente.

Manière de solfier.

D. Qu'est-ce qu'un *Trille*?

R. Cet agrément, qu'on nomme improprement Cadence, consiste dans le battement rapide et alternatif d'une Note et de celle qui est à la Seconde supérieure majeure ou mineure. Il peut se préparer et se terminer de diverses manières. En solfiant, il suffit de nommer la note principale.

EXEMPLE.

Dans les mouvemens vites, il s'exécute en doubles croches, et son exécution est égale et rapide.

DIVERSES AUTRES PRÉPARATIONS ET TERMINAISONS.

OBSERVATIONS GÉNÉRALES.

Je recommande de nouveau à MM. les Professeurs, 1° de ne faire étudier les divers chapitres de ces principes que successivement, et à fur et à mesure que le besoin s'en fera sentir par la lecture des nouvelles Leçons de Solfèges auxquelles ils auraient rapport; 2° de multiplier les questions sous diverses formes, et d'exiger que les élèves en fournissent eux-mêmes plusieurs exemples verbalement et par écrit. 3° de les exercer à noter dans chaque espèce de mesure et avec une gradation méthodique de difficultés, toutes les combinaisons possibles de *valeurs de Notes et de Silences* qui peuvent se trouver dans chacune de ces mesures; 4° de les accoutumer à savoir apprécier les divers *intervalles* par le secours de l'oreille: il faut pour cela choisir une Note par exemple et faire chercher l'intonation des principaux *intervalles naturels* ou *altérés* qui peuvent se trouver à partir de cette note, soit en montant, soit en descendant; 5° de les accoutumer à savoir discerner si une phrase musicale qu'ils entendent est dans le *mode majeur* ou *mineur*?&.

(1) Voyez page 81 Cet article, et tout ce qui concerne les *Ornemens de Chant*, sont traités avec beaucoup plus de détails dans la MÉTHODE COMPLÈTE du même Auteur, Op 40, 2de Edition, adoptée par l'Institut et les Conservatoires.

(2) Voyez le nouvel ouvrage d'A. de GARAUDÉ: DICTÉE MUSICALE

SOLFÈGES

OU NOUVELLE MÉTHODE DE MUSIQUE

PAR ALEXIS DE GARAUDÉ

Œuvre 27. .... *Huitième Edition.*

PREMIÈRE PARTIE.

Aux définitions déjà données dans les PRINCIPES DE MUSIQUE, Pages 2 à 12, je dois ajouter quelques autres indications de leur emploi.

On se sert de la Clef de SOL pour les Instrumens aigus, tels que le *Violon,* la *Flûte,* la *Clarinette,* le *Haut-bois,* le *Cor* &. Depuis un certain nombre d'années, on emploi aussi cette Clef pour les *voix de Femme* et de *Ténor.*

La Clef de FA *sur la troisième ligne* ne s'emploie guères aujourd'hui que pour la *Transposition.*

La Clef de FA *sur la quatrième ligne* est à l'usage des Instrumens graves, tels que la *Contre-basse,* le *Violoncelle,* le *Basson,* l'*Ophicleïde,*[1] les *Timballes* &. On s'en sert aussi pour les voix graves appelées *Bassetaille,* ou *Bariton.*

La Clef d'UT ou de DO *sur la première ligne* s'emploie pour les voix aigües appelées *Soprano* ou *Premiers et Seconds Dessus.* Son usage, ainsi que je l'ai dit plus haut, est généralement remplacé, en France par l'emploi de la Clef de SOL.

La Clef d'UT *sur la seconde ligne* n'est plus usitée aujourd'hui que pour l'instrument à vent, nommé *Cor Anglais;* on peut cependant s'en servir avec utilité pour la transposition.

La Clef d'UT *sur la troisième ligne* s'emploie pour les Instrumens mitoyens, tels que l'*Alto,* le *Trombone Alto,* & On s'en sert aussi pour les voix d'homme appelée jadis *Haute-contre,* et maintenant *Premier Ténor,* ainsi que pour la voix grave de femme, appelée en Italie *Contralto.*

La Clef d'UT *sur la quatrième ligne* s'emploie pour les Solos du *Violoncelle,* du *Basson,* &. On s'en sert aussi pour les voix d'hommes appelées *Taille* ou *Second Ténor.* (Voyez, Page 216, le Tableau de l'étendue des diverses espèces de voix.)

La Clef de SOL étant la plus usitée, je l'emploierai pour les Leçons et Exemples qui suivent, et je crois devoir multiplier ici les Exercices destinés à en rendre l'Etude plus facile.

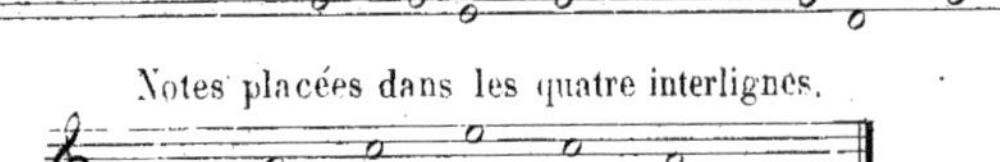

(1) La I^{re}Partie de ces SOLFÈGES n'étant consacrée qu'à l'étude de la clef de SOL sur la 2^{de}ligne et de la clef de FA sur la 4^{me}ligne, celle des autres clefs se trouve dans la 2de partie.

Exercice pour bien connaître ces quatre Notes.

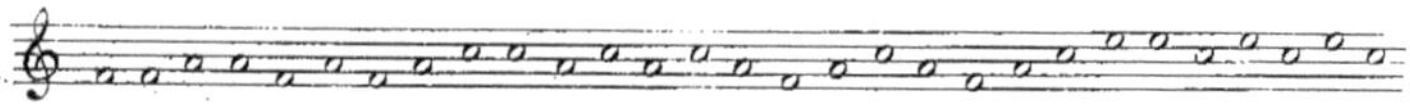

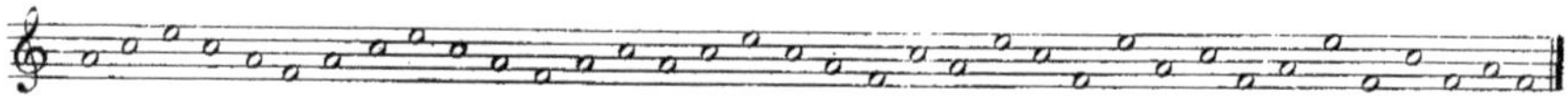

Exercice réunissant toutes les Notes sur les cinq lignes et dans les quatre interlignes.

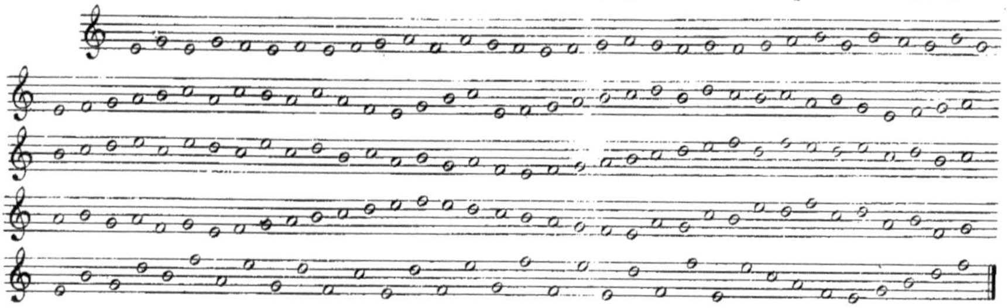

Notes placées au dessous de la portée.

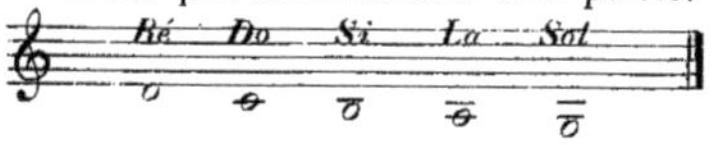

Exercice pour bien connaître les cinq Notes qui se trouvent au dessous de la Portée.

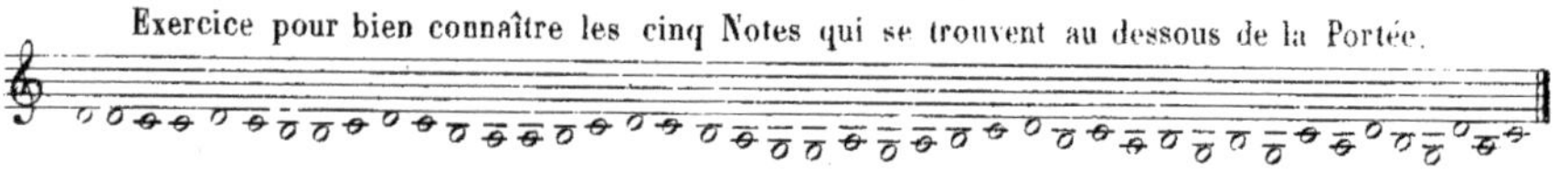

Notes placées au dessus de la portée.

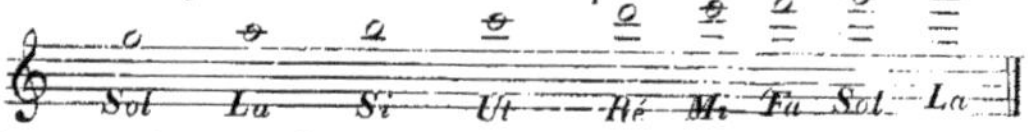

Exercice pour bien connaître les Notes qui se trouvent au dessus de la Portée.

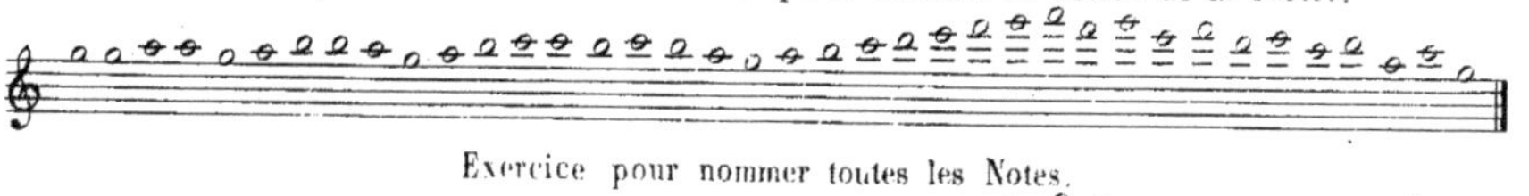

Exercice pour nommer toutes les Notes.

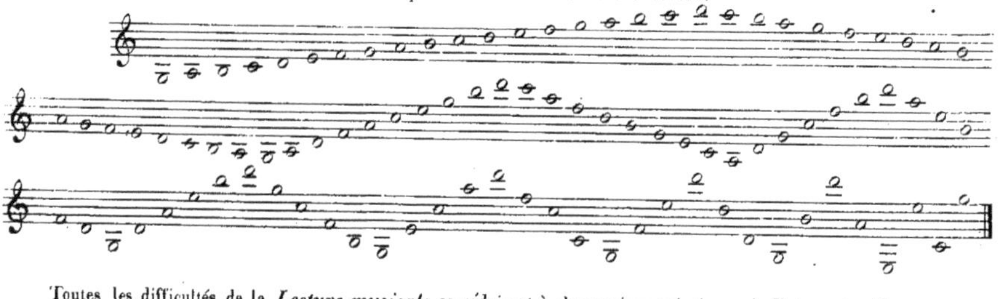

Toutes les difficultés de la ***Lecture musicale*** se réduisent à deux points principaux: la *Valeur des Notes* et *leur intonation*. Pour bien apprécier la valeur des Notes, l'Elève devra étudier les explications données à cet égard, Page **3** ainsi que les Tableaux qui y sont joints. Le Professeur lui fera ensuite beaucoup de questions analogues à celles-ci: *Combien la Ronde vaut-elle de Noires? Combien vaut-elle de Doubles Croches? Combien la Blanche vaut-elle de Croches?*

Combien vaut elle de Noires? Combien la Noire vaut-elle de Doubles Croches? Combien la Croche vaut-elle de Triples Croches? Quel est le quart de la Ronde? Quel est son huitième? Quel est son Seizième? & &.

Quel est le Silence de la Ronde? Quel est le Silence de la Croche? Quel est le Silence de la Double Croche? Quel es. le Silence de 4 mesures? & &.

Lorsque l'Elève aura répondu à ces questions d'une manière satisfaisante, il étudiera, Pages 3 et 4 l'Article qui traite DE LA MESURE; mais seulement jusques l'explication des *mesures simples et composées*, qu'il apprendra plus tard, lorsqu'il sera tems de les employer; car il est essentiel de n'enseigner de nouveaux *Principes* qu'au fur et à mesure qu'ils deviennent nécessaires. (NOTA.) Les questions ci-dessus et d'autres qu'on trouvera plus tard sur divers articles des PRINCIPES sont celles qui sont adressées aux élèves, lor des EXAMENS et CONCOURS de SOLFÈGE, au CONSERVATOIRE de Paris.

DE L'ÉTUDE DES SOLFÈGES.

La lecture musicale est la première et la plus importante de toutes les études relatives à cet Art. Le dégré de perfection qu'on peut y acquérir est la base des succès que l'élève se propose d'obtenir par la suite; et l'unique moyen d'arriver à ce but est de travailler avec le plus grand soin tout ce qui à rapport à l'étude des SOLFÈGES. Cette étude, bien dirigée, est bien moins difficile qu'on ne pense, si elle est faite avec ordre et persévérance, avec le secours d'une bonne Méthode.

Solfier, signifie chanter en nommant les Notes, en observant strictement leurs différentes valeurs, en partageant les divers tems de la mesure avec une égalité aussi régulière que le serait le balancier d'une pendule, et en continuant ainsi avec la même précision, jusqu'à la fin du morceau sans se permettre le moindre retard, ni anticipation, ni sur les tems ni sur les mesures.

La rareté des belles voix, dont on se plaint souvent provient principalement de ce qu'elles ont été gâtées dans l'enfance, par l'étude de SOLFÈGES écrits trop hauts, ou de ce que ces études ont été dirigées par des Maîtres sans expérience, qui n'y ont point apporté toutes les précautions nécessaires pour ménager les jeunes poitrines.

On ne saurait trop répéter qu'on ne doit chercher à développer l'essor de la voix d'un jeune élève que lorsqu'elle a subi cette révolution de la nature qu'on appelle la MUE. Jusques là, on doit toujours solfier à demi-voix. Le seul but des études de SOLFÈGES étant d'en exprimer parfaitement les valeurs de notes et les intonations, il devient aussi inutile que nuisible de chanter avec un dégré de force qui fatigue la poitrine, et détruit la voix sans retour. Mais quoique, en solfiant, le son de la voix doive être exempt de force, le maître doit veiller attentivement à ce qu'il soit émis naturellement avec une qualité pure, et sans qu'il soit jamais pris du nez ou de la gorge: ce qui produit toujours une voix désagréable.

Si, dans la suite de ces leçons, écrites cependant dans une extension très modérée, il se trouvait encore quelques phrases un peu trop hautes pour la voix de quelques élèves, il faudrait les supprimer ou les changer, ou bien transposer cette leçon, un dégré plus bas. (1)

Il y a quelques jeunes élèves dont la voix est absolument fausse ou qui même en manquent à un tel point, qu'ils ne peuvent parvenir à former aucune intonation. Cette sorte d'élèves, ne pouvant jamais chanter, se destine à l'étude de quelque instrument; mais celle des SOLFÈGES ne leur en devient pas moins indispensable pour la lecture de la musique instrumentale. Ne pouvant leur faire chanter les Leçons de cet ouvrage, le maître les leur fera solfier *en parlant*, c'est-à-dire, en nommant les Notes, en observant leurs diverses valeurs et en battant la mesure; ne supprimant de la manière ordinaire de solfier que les intonations de ces Notes: ce qu'on appelle *solfier à la muette*.

La *lecture facile et correcte de toute espèce de musique* doit, par la suite, devenir une occupation utile et très agréable. De même que, dans une Bibliothèque littéraire, la lecture de tous les auteurs célèbres orne l'esprit et forme le jugement et le goût, ainsi celle des nombreux ouvrages de nos meilleurs Compositeurs améliorera considérablement le talent qu'on a pu acquérir dans l'ART MUSICAL.

(1) Les SOLFÈGES DES ENFANTS du même auteur, écrits toujours dans l'intervalle de 9me (du *Do* au *Ré*) obvient à cet inconvénient grave. Il y en a 2 Editions différentes: l'une avec *accompagnement de Piano*, à 25^f prix marqué; l'autre, in 8° sans accompagnement, (pour les *Classes nombreuses*) à 2^f 50 prix net de librairie.

De la GAMME et des TONS dont elle est composée.

En ajoutant aux sept Notes de la Musique *Do, Ré, Mi, Fa, Sol, La, Si,* la répétition de la première Note, *Do,* cette suite de huit notes se nomme *Gamme Diatonique.* Elle se fait en montant et en descendant. Ces notes sont séparées entr'elles par un intervalle nommé *Ton* ou *Demi-ton.* La Gamme contient toujours 5 Tons et 2 Demi-tons. Le premier demi-ton se trouve toujours de la troisième à la quatrième Note, et le second de la septième à la huitième, qui est l'*Octave* de la première.

GAMME EN *DO MAJEUR*; MESURE *A QUATRE TEMS.*

Avec une Ronde pour chaque mesure, dont les tems sont marqués par la Basse.

Ces trois Gammes sont dans le ton de *Do* majeur. On peut aussi faire la Gamme dans tous les tons, comme on le verra Pages 36 à 39.

---

(1) Parmi un certain nombre d'Elèves commençans, quelques uns ont l'intelligence musicale si bornée que l'étude simultanée des *Valeurs de Notes* et des *intonations* leur offre de grandes difficultés. On pourra vaincre ou beaucoup diminuer celle-ci en divisant ces deux genres d'étude; c'est-à-dire, en leur faisant d'abord *Solfier à la muette* chaque Leçon ou *nommer simplement les Notes avec la voix parlante,* en battant la mesure avec soin. Ensuite, ils recommenceront la même Leçon avec la voix chantante, en y ajoutant l'intonation des Intervalles.

(2) Quelques maîtres enseignent à battre la mesure à deux tems avant celle à quatre tems. Je pense que cette dernière est plus facile à concevoir pour l'élève. C'est ce qui m'a engagé à m'en servir d'abord. Au surplus, les maîtres qui ne partageraient pas cette opinion pourront supposer un 2 ou un ₵ en tête des morceaux suivans, attendu que la valeur des Notes en est toujours la même et que la seule différence consiste dans la manière de battre la mesure.

(3) Si, au lieu d'une *Basse chiffrée,* on préférait un *Accompagnement de Piano,* on peut se procurer les mêmes *SOLFÈGES* Op.27 avec accompt de Piano 5e *Edition,* 30ʳ prix marqué. On peut étudier la basse chiffrée facilement et sans maître avec l'op. 44 et s. de Garaudé: l'*HARMONIE RENDUE FACILE.*   (80) A.G.

Gamme en Noires, qui valent chacune un tems.

N° 4.

Gamme en Noires avec des Soupirs, Silence de la Noire.

N° 5.

Gamme en Rondes et Blanches.

N° 6.

Gamme en Rondes et Noires.

N° 7.

Gamme en Blanches et Noires.

N° 8.

Gamme en Rondes, Blanches, Noires, Pauses et demi-Pauses.

N° 9.

Gamme idem, avec des Soupirs.

N° 10.

(1) Désirant que chaque genre de difficultés n'arrive que successivement, on a multiplié ces Gammes avec l'intonation desquelles l'élève est déjà familier, afin de commencer à lui faire acquérir l'habitude de solfier les trois premières espèces de *valeurs de notes et de leurs silences*.

DES INTERVALLES.

L'élève étudiera cet article, Page 6, seulement jusques la demande: *Les Intervalles ne sont-ils pas susceptibles de diverses modifations*.

Le Professeur lui adressera ensuite des questions analogues aux suivantes: *Demander l'intervalle entre les deux Notes de chacune des mesures suivantes, et de combien de Tons cet Intervalle est composé?* (1)

DE LA RESPIRATION.

Quoique cet article semble appartenir exclusivement à l'étude de la Vocalisation ou des Instrumens à vent, il devient bien essentiel, dès le commencement des Leçons de Solféges, d'accoutumer l'élève à savoir respirer à propos, et à bien connaitre cette *ponctuation musicale*, sans laquelle il ferait de nombreux contresens dans les diverses *Phrases* de ces Leçons.

Il existe des phrases en musique, comme dans le discours; elles se divisent aussi en diverses périodes, et en divers membres.

La phrase musicale est ordinairement composée de quatre mesures, souvent de deux, et quelquefois de trois.

Il est de règle de ne respirer qu'a la fin de la phrase, puisque ce n'est qu'alors que le sens des idées qui la composent est complètement terminé; cependant, on peut prendre des *demi-respirations* après chacun de ses divers membres, où il est toléré de placer de petits repos intermédiaires. J'ai multiplié ces demi-respirations, dans le cours de cet ouvrage, comme étant destiné à des enfans ou à des jeunes gens dont la poitrine est faible. La respiration doit être prise avec aisance, sans faire entendre cette espèce de sifflement dans la bouche, qui en forme le défaut principal.

Dans les Leçons suivantes, il ne faudra donc respirer qu'aux endroits indiqués par une (ɔ) signe de la respiration, ou pendant les divers silences qui s'y trouvent.

EXERCICES SUR LES INTERVALLES NATURELS.

1.er EXERCICE sur l'intervalle de *Seconde*, qui est composé d'un ton, ou d'un demi-ton, lorsque la seconde est mineure.

MESURE à quatre tems; une blanche ou une demi-pause pour deux tems.

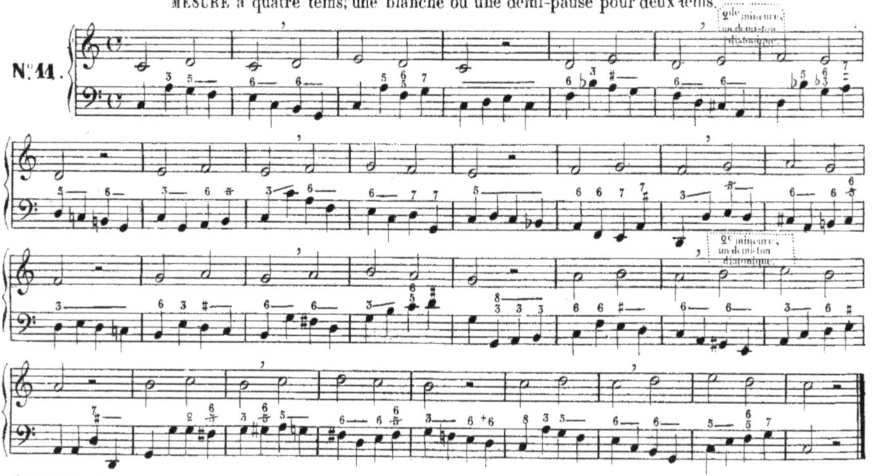

(1) Si l'élève éprouvait encore maintenant quelque difficulté à bien répondre à ces questions, on pourrait les ajourner jusques après le N° 36; alors cette difficulté serait bien moindre.

2ᵐᵉ EXERCICE sur l'intervalle de *Seconde*, avec des Rondes et des Blanches.

3ᵐᵉ EXERCICE sur l'intervalle de *Seconde*, avec une Noire sur chaque tems.

4ᵐᵉ EXERCICE sur l'intervalle de *Seconde*, avec des Rondes, Blanches et Noires;
la Basse marqué chaque tems par des Noires.

Il est extrêmement essentiel que l'oreille de l'Élève s'accoutume à bien apprécier l'intonation des divers intervalles : cette étude étant le principal fondement de la *lecture musicale*.

Pour s'assurer qu'il les comprend et les possède parfaitement bien, le maître devra lui faire solfier sans accompagnement, chaque dernier exercice sur les divers intervalles, tel que le suivant et les autres du même genre ci-après. il sera très utile de faire solfier souvent sans accompagnement, les divers Nᵒˢ bis ci-après.

5ᵐᵉ EXERCICE sur l'intervalle de *Seconde*.

Mesure à *deux tems*: une Blanche ou une demi pause pour chaque tems.

SECONDES et UNISSONS.

Après chacun de ces derniers exercices le maître choisira plusieurs notes quelconques, et fera chercher à l'élève, sans autre secours que celui de son oreille, l'intonation d'après ces mêmes notes de l'intervalle sur lequel il vient de s'exercer.

EXEMPLE : 

L'élève entonnera l'intervalle de Seconde supérieure, ensuite inférieure de chacune de ces notes.

On l'exercera de la même manière sur les intervalles de *Tierce, Quarte, Quinte,* &ᵃ. lorsqu'il aura solfié le dernier exercice sur chacun de ces intervalles.

1ᵉʳ EXERCICE sur l'intervalle de *Tierce*, qui est composé de deux Tons,
ou d'un ton et demi, lorsque la Tierce est mineure.

2ᵐᵉ EXERCICE sur l'intervalle de *Tierce*.

3ᵐᵉ EXERCICE sur l'intervalle de *Tierce*.

4ᵐᵉ EXERCICE sur l'intervalle de TIERCES directes.

Mesures à *Deux tems*; Une Blanche ou deux Noires pour chaque tems.

(1) On devra faire ici, sur l'intervalle de *Tierce*, un exercice analogue à celui qui a été indiqué, au commencement de la page 20.

4ᵐᵉ EXERCICE sur l'intervalle de *Quarte*, avec un Soupir (Silence de la Noire) pour le
premier tems de la mesure.

1ᵉʳ EXERCICE sur l'intervalle de *Quinte*, avec un Soupir pour le dernier tems de la mesure.
Cet intervalle est composé de trois tons et demi.

DU POINT, OU POINT D'ACCROISSEMENT. (Voyez Page 4)

3ᵐᵉ EXERCICE sur l'intervalle de *Quinte*, avec des blanches pointées. Le point placé après une Note
l'augmentant de la moitié de sa valeur, la Blanche pointée vaut donc trois tems dans la mesure à quatre tems.

4me EXERCICE sur l'intervalle de Quinte.
N° 28.
MESURE A DEUX TEMS.
5me EXERCICE. Idem QUINTES directes. Une demi-pause ou une Blanche pour chaque tems
Quinte
N° 29.
diminuée
N° 29 bis.
1er EXERCICE sur l'intervalle de Sixte avec un soupir pour le troisième tems de la mesure.
Cet intervalle, lorsqu'il est majeur, est composé de quatre tons et demi.
N° 30.
Tasto solo.
Sixte mineure
3 tons et 2 demi tons
Sixte mineure
3 tons et 2 demi tons
2me EXERCICE sur l'intervalle de Sixte.
Mesure á Deux tems; une Blanche pour chaque tems
N° 31.

3.me EXERCICE sur l'intervalle de *Sixte*.
Une Blanche ou deux Noires pour chaque tems.

3.me EXERCICE sur l'intervalle de Septième. Une Noire et un Soupir pour le premier tems de la mesure
N.º 36.
4.me EXERCICE. Idem. SEPTIÈMES directes.
Septièmes mineures
N.º 37.
Septièmes mineures
N.º 37. bis.
1.er EXERCICE sur l'intervalle d'Octave, qui est composé de cinq tons et deux demi-tons.
N.º 38.
2.me EXERCICE sur l'intervalle d'Octave.
N.º 39.
Accord parfait majeur

3.ᵐᵉ EXERCICE Idem. OCTAVES directes,

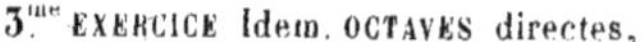

N.º 40.

N.º 40 bis.

EXERCICE.
Pour la récaptulation des Sept intervalles précédens.

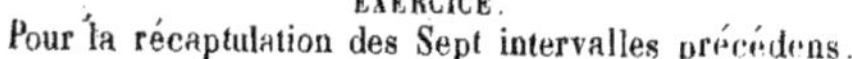

N.º 41.

2.ᵐᵉ EXERCICE.
Contenant tous les intervalles depuis l'UNISSON jusqu'à la DIXIÈME.

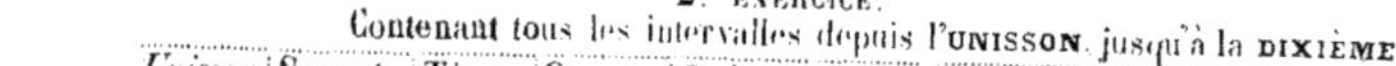

N.º 42.

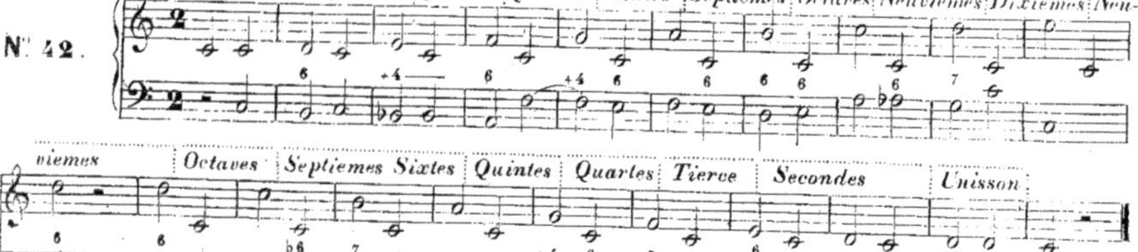

Autre RÉCAPITULATION des Intervalles naturels.

Avant de la solfier, l'Élève devra en faire l'analyse en désignant successivement quelle espèce d'intervalle existe entre chacune des Notes de cette Leçon?

N.º 43.

EXERCICES pour se familiariser avec l'intonation du premier Dieze et du premier Bécarre.
(Voyez page 6.)

(N^ta) Les Solfèges jusqu'au N° 69 inclusivement, sont dans le Ton de *Do* majeur. On verra, Page 43, ce qu'on entend par le mot *Ton*. Un grand nombre de ces Solfèges n'ont aucune indication de *Mouvement*; les Maîtres leur donneront, en général, le *Mouvement Moderato* plus ou moins lent, selon l'intelligence de leurs Elèves, et d'après les progrès qu'ils auront faits

DIVERSES COMBINAISONS

des Quatre premières *Valeurs de Notes*, dans les Mesures à 2 TEMS et à 4 TEMS.

(N^ta) Quelques unes des Leçons suivantes portent la double indication de la Mesure à Quatre tems et à Deux tems. Il est bon d'accoutumer l'Elève à battre la mesure de ces deux manières, dans la même Leçon.

MESURE A DEUX TEMS; deux Noires pour chaque tems.

MESURE A QUATRE TEMS. La même Leçon réduite en Croches; deux pour chaque tems.

MESURE A QUATRE TEMS; une Noire ou deux Croches pour chaque tems.

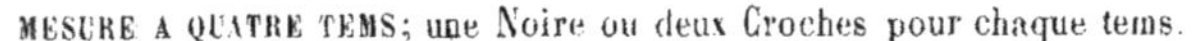

Réduction de la Leçon précédente.

N.° 50.

MESURE A DEUX TEMS; deux Noires ou une Blanche pour chaque tems.

Leçon inverse du N° 49.

N.° 51.

MESURE A QUATRE TEMS; deux Croches ou une Noire pour chaque tems.

Réduction de la Leçon précédente.

N.° 52.

Résumé des N°s 50 et 52.

N.° 53.

Inverse de la premiere reprise.
N.° 54.
Inverse de la premiere reprise.
MESURE A DEUX TEMS; une Ronde pour deux tems ou deux Noires pour chaque tems.
N.° 55.

MESURE A QUATRE TEMS; une Blanche pour deux tems, deux Croches pour chaque tems.

Chacune des Leçons précédentes, depuis le N.º 46, est consacrée, comme on a pu le remarquer, à l'étude spéciale de l'une des diverses combinaisons de la Ronde, de la Blanche, de la Noire et de la Croche. La *Récapitulation* suivante se compose d'une seule mesure des valeurs de Notes déjà employées dans les susdites Leçons. Si l'Elève peut la solfier correctement et faire une analyse raisonnée des valeurs de chaque tems, ce sera une preuve qu'il possédera la parfaite connaissance des différentes combinaisons qu'elle contient, et qu'il pourra passer à l'étude des nouvelles valeurs de Notes qui suivent.

Il serait utile aussi que l'Elève s'exerçât à écrire lui même divers exemples ou tableaux dans lesquels il emploierait, sur une même Note, et bien mesurées, toutes les combinaisons de valeurs qui sont l'objet de la Récapitulation qu'il vient d'étudier.

Ces réflexions doivent s'appliquer à toutes les fréquentes Récapitulations contenues dans ces SOLFÈGES.

RÉCAPITULATION des Nᵒˢ 46 à 57.

Nᵒ 58.

Autres *combinaisons des quatre valeurs précédentes*, afin d'en epuiser complétement le mélange.

NOIRES et CROCHES.

Nᵒ 59.

Leçon inverse de la précédente.

Nᵒ 60

Nᵒ 61.

N.º 62.
Inverse de la première reprise.
N.º 63.
Inverse de la première reprise.

RONDES, BLANCHES et NOIRES.

N.º 67.
RONDES, BLANCHES, NOIRES et CROCHES.
N.º 68.
RÉCAPITULATION
des Nos 59 à 68
N.º 69.

DES INTERVALLES ALTÉRÉS.

Les Dièzes ou Bémols placés devant les Notes, en haussent ou baissent l'intonation d'un *demi-ton*; par conséquent ils *altèrent* les intervalles naturels de la Gamme dont on a parlé jusqu'ici, en y introduisant, comme on l'a déjà dit, d'autres *demi tons Diatoniques* ou *Chromatiques*.

Ici l'Elève devra étudier le TABLEAU de tous les INTERVALLES, Page sept. Le Professeur s'assurera qu'il a été bien compris en adressant beaucoup de questions de ce genre: Demander: *Quel Intervalle existe entre les deux Notes de chacune des mesures suivantes? De combien de Tons et de demi-tons cet Intervalle est composé? Quel en est le Renversement?*

Leçon sur les INTERVALLES ALTÉRÉS.

N.º 70.

DU MODE.

L'Elève étudiera cet article Page 8, et le Professeur, après les questions qui y sont écrites, lui présentera divers commencemens de Leçons écrites dans les deux Modes, afin qu'il puisse reconnaître, soit à l'œil soit par l'oreille, si ces premières phrases sont dans le *Mode majeur* ou dans le *Mode mineur*.

EXERCICE POUR BIEN CONNAITRE LE TON D'UN MORCEAU DE MUSIQUE.

Après avoir étudié cet article, Page 9, l'Elève devra d'après les règles qui ont été expliquées à cet égard, ouvrir au hazard cette MÉTHODE DE MUSIQUE, et déterminer le ton majeur ou mineur dans lequel les divers N.ºs de Leçons sont écrits.

On nomme aussi *Ton ou Tonique* la Note principale sur laquelle un morceau de musique est établi. Toutes les Notes peuvent être *Toniques*, c'est-à-dire, *Premières Notes d'une gamme* qu'elles servent alors à déterminer, conjointement avec la Note sensible.

Le ton d'un morceau de musique se désigne par le nombre de Dièzes ou de Bémols qui se trouve à la clef, excepté le ton d'UT *majeur* et de LA *mineur*, qui en sont exempts.

Chaque ton peut être majeur ou mineur, selon que la tierce et la sixte en sont majeures ou mineures; et chaque ton majeur a, en outre, son *ton relatif mineur* qui est situé une tierce mineure au dessous. (Voyez, page 8)

Il est à remarquer que dans l'un ou l'autre de ces deux Modes, *l'ordre et le nombre de tons et de demi-tons reste toujours le même*, quelque soit la quantité de Dièzes ou de Bémols qui sont à la clef. Il n'est donc pas plus difficile de chanter dans un ton que dans un autre.

TABLEAU INDICATIF
De tous les tons majeurs et mineurs avec leurs Gammes. (✿)

<hr>

(✿) (Nᵃ) Les Notes constitutives de chaque gamme, telles que la *Tonique*, la *Tierce*, la *Sixte*, la *Note sensible* &c. sont désignées par une étoile (✿)

Avec trois *Dièzes* à la clef, *Fa, Do, Sol,*

en LA majeur.

ou en FA dièze mineur, ton relatif de LA majeur.

Avec quatre *Dièzes* à la clef, *Fa, Do, Sol, Ré,*

en MI majeur.

ou en DO dièze mineur, ton relatif de MI majeur.

Avec cinq *Dièzes* à la clef, *Fa, Do, Sol, Ré, La,*

en SI majeur.

ou en SOL dièze mineur, ton relatif de SI majeur.

Avec six *Dièzes* à la clef, *Fa, Do, Sol, Ré, La, Mi,*

en FA dièze majeur.

ou en RÉ dièze mineur, ton relatif de FA dièze majeur.

Avec sept Dièzes à la clef, Fa, Do, Sol, Ré, La, Mi, Si,
en DO dièze majeur
Tonique. Tierce majeure. Quinte juste. Sixte majeure. Note sensible. Octave. Idem en descendant. Accord parfait de DO dièze majeur.
deux tons. demi-ton. demi-ton.
ou en LA dièze mineur, ton relatif de DO dièze majeur
Tonique. Tierce mineure. Sixte majeure étrangère au mode. Note sensible. Octave. Note sensible baissée d'un demi-ton. Sixte mineure. Accord parfait de LA dièze mineur.
un ton et un demi-ton. un ton. un ton. un ton. un demi-ton. un ton. un ton. un demi-ton. un demi-ton.
Avec un Bémol à la clef, Si,
en FA majeur.
Tonique. Tierce majeure. Quinte juste. Sixte majeure. Note sensible. Octave. Idem en descendant. Accord parfait de FA majeur.
deux tons. demi-ton. demi-ton.
ou en RÉ mineur, ton relatif de FA majeur.
Tonique. Tierce mineure. Sixte majeure étrangère au mode. Note sensible. Octave. Note sensible baissée d'un demi-ton. Sixte mineure. Accord parfait de RÉ mineur.
un ton et un demi-ton. un ton. un ton. un ton. un demi-ton. un ton. un ton. un demi-ton. un demi-ton.
Avec deux Bémols à la clef, Si, Mi,
en SI bémol majeur.
Tonique. Tierce majeure. Quinte juste. Sixte majeure. Note sensible. Octave. Idem en descendant. Accord parfait de SI bémol majeur.
deux tons. demi-ton. demi-ton.
ou en SOL mineur, ton relatif de SI bémol majeur.
Tonique. Tierce mineure. Sixte majeure étrangère au mode. Note sensible. Octave. Note sensible baissée d'un demi-ton. Sixte mineure. Accord parfait de SOL mineur.
un ton et un demi-ton. un ton. un ton. un ton. un demi-ton. un ton. un ton. un demi-ton. un demi-ton.
Avec trois Bémols à la clef, Si, Mi, La,
en MI bémol majeur.
Tonique. Tierce majeure. Quinte juste. Sixte majeure. Note sensible. Octave. Idem en descendant. Accord parfait de MI bémol majeur.
deux tons. demi-ton. demi-ton.
ou en DO mineur, ton relatif de MI bémol majeur.
Tonique. Tierce mineure. Sixte majeure étrangère au mode. Note sensible. Octave. Note sensible baissée d'un demi-ton. Sixte mineure. Accord parfait de DO mineur.
un ton et un demi-ton. un ton. un ton. un ton. un demi-ton. un ton. un ton. un demi-ton. un demi-ton.

Il est extrêmement essentiel que l'élève puisse acquérir une grande habitude de familiariser son oreille avec la *Gamme* et l'*Accord parfait* du ton de tous les morceaux qu'il chante. J'engage donc les maîtres à faire toujours précéder l'étude de chaque Leçon de Solfège par la *Gamme* et l'*Accord parfait* du ton de cette Leçon, selon l'un des modèles ci-dessus et sans aucun accomp.

LEÇON en LA *mineur*, avec des intonations dispositives. (1)

DE LA SYNCOPE.

Et des tems forts et des tems faibles de la mesure. (Voyez Page 10.)

Pour bien comprendre ce que signifie le mot *Syncope*, il faut savoir que toute mesure a ce qu'on nomme des *tems forts* et des *tems faibles*; c'est-à-dire, qui ont plus ou moins de poids et d'effet dans la Mélodie et dans l'Harmonie. Dans la mesure à deux tems, le tems fort est le frapper de la mesure, et le lever en est le tems faible.

EXEMPLE.

Dans la mesure à quatre tems, le premier et le troisième sont des tems forts; le second et le quatrième sont des tems faibles.

EXEMPLE.

On entend par *Syncope* la prolongation sur un tems fort d'un son commencé sur un tems faible, et qui se trouve coupé par le tems ou par le frapper de la mesure suivante.

EXEMPLE
Mesure à deux tems.

____

(1) Je nomme ainsi une LEÇON composée des Intervalles naturels de la Gamme, de l'Accord parfait et de la Note sensible du ton indiqué à la clef, et où le retour fréquent de la Tonique puisse accoutumer l'oreille de l'élève à saisir facilement les intonations dont elle est la base.

Autre EXEMPLE.

Mesure à quatre tems, où
la liaison de deux Noires au
quatrième et au premier tems
remplace l'effet de la Blanche.

Le mot *Syncoper* vient de *Couper*, parcequ'en effet la Syncope coupe la régularité des tems de la
mesure, et en fait une marche à contre-tems, lorsqu'il s'en trouve plusieurs de suite.

SYNCOPES de *Rondes* et de *Blanches*.

N°. 73.

Deux Blanches liées, formant SYNCOPE.

N°. 74.

Réduction de la Leçon précédente: *deux Noires liées* formant SYNCOPE.

N°. 75.

Une *Blanche* formant SYNCOPE *entre deux Noires, sans liaison.*

Fin

N°. 76.

N.° 77.
Inverse de la première reprise.
N.° 78.
segue°
SYNCOPES BRISÉES (Voyez Page 40
Fin.
N.° 79.
D.C.
RÉCAPITULATION des SYNCOPES depuis le N.° 66.
N.° 80.

Leçon en SOL *majeur* avec des intonations dispositives.

N.° 81.

Réduction de la Leçon précedente

Pour faire connaitre la MESURE A DEUX QUATRE, dont la valeur de Notes est de moitié
moindre que celle de la *Mesure à quatre tems* ou *à deux tems;* elle se bat à deux tems.

N.° 82

N.° 83.

N.° 84.

Diverses combinaisons de NOTES POINTÉES.

Ici l'Élève devra étudier l'article du POINT D'ACCROISSEMENT, Page 4. Le Professeur lui adressera, à cet égard les questions suivantes: *Combien une Ronde pointée vaut-elle de Blanches? de Noires? de Croches? Combien une Blanche pointée vaut-elle de Noires? de Croches? de Doubles Croches? Combien une Noire pointée vaut-elle de Croches? de Doubles Croches? de Triples Croches? &.&.*

Une BLANCHE POINTÉE pour un tems et demi de la mesure à deux tems.

Réduction de la Leçon précédente;
Une Noire pointée pour un tems et demi de la mesure à deux quatre.

MESURE À DEUX TEMS.
une Noire pointée et une Croche pour chaque tems.

Réduction de la Leçon précédente.
Une Croche pointée et une Double Croche pour chaque tems de la mesure à deux quatre.

RÉSERVÉ des
Nos 86 et 88
N.º 90
segue.
Réduction de la Leçon précédente offrant le résumé des N.os 87 et 89.
N.º 91.
segue.
MARCHE MILITAIRE.
N.º 92

Leçon inverse
des N.os
86 à 88
N.º 93.
N.º 94.
seque.
Inverse de la première reprise.
N.º 95.
seque.

RÉCAPITULATION des NOTES POINTÉES depuis le N°86.

(1) Je n'ai pas cru devoir indiquer les mouvemens de ces SOLFÈGES par le *Métronome de Maëlzel*, parceque la lenteur ou la rapidité de ces mouvements indiqués par les mots Italiens dépend du plus ou moins de progrès que les Elèves ont fait dans la *Lecture musicale*. (Voyez page 10.)

(1) J'ai cru devoir commencer ici à indiquer les principales nuances d'expression de ces SOLFÈGES; car il est important que l'Elève s'accoutume de bonne heure à donner aux phrases Musicales le coloris qui leur est propre. (Voyez, Page 11 LES NUANCES.)

Andantino.
N.º 103.
dol.
Allegretto.
N.º 104.
dol.
segue.
mezf
a contretems.
dol.
cres.
segue.
mezf
dol.
RÉCAPITULATION des SYNCOPES, depuis le N.º 97.
All.º moderato.
N.º 105.
p
f

Leçon en FA *majeur* avec des intonations dispositives.
Andante grazioso.
N°.106.
dol.
p
f
mf
dol
cres.
rinf
f

DIVERSES COMBINAISONS DE SILENCES. (Voyez Page 5

Leçon pour observer le Soupir au commencement et à la fin de chaque mesure.

Pour observer le demi-Soupir au commencent et à la fin de chaque mesure.

Inverse de la première reprise.

Réduction de la Leçon précédente.

N.º 110

Inverse de la première reprise.

Allº moderato.

N.º 111

RÉCAPITULATION des Silences, depuis le N.º 107.

Andante con moto.

N.º 112

Suite des diverses combinaisons de SILENCES.
Nº 113
Nº 114.
Leçon en RÉ mineur avec des intonations dispositives.
Allegro maestoso.
Nº 115.

Suite de diverses combinaisons de SILENCES.

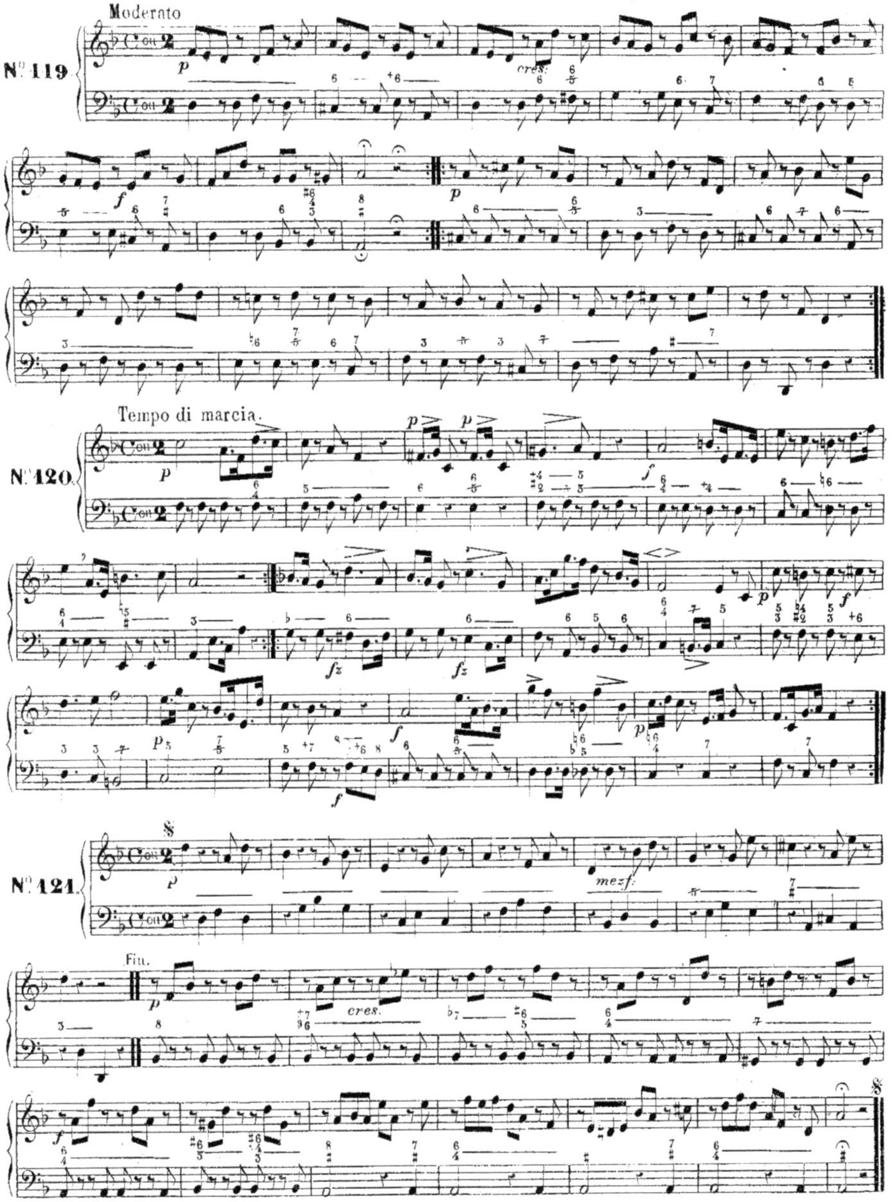

Moderato
N.º 119
p
cres.
Tempo di marcia.
N.º 120
p
N.º 121
p
mezf.
Fin.
cres.

DES SILENCES POINTÉS. (Voyez Page 4)

Les silences remplacent la valeur des notes; ils peuvent donc aussi, comme elles être pointés.

La Leçon suivante servira d'exercice à ce sujet.

RÉCAPITULATION des SILENCES, depuis le N.º 107.

MESURE A DEUX TEMS.

Leçon avec quatre Croches pour chaque tems.

Réduction de la Leçon précédente.
MESURE À DEUX QUATRE
Quatre doubles Croches pour chaque tems.

N.º 125.

Allº. moderato.

N.º 126.

Allegretto assai.
N.º 127
p
Allº ma non tanto.
N.º 128
Con
dol.
segue.
cres
N.º 129
Allegretto.
p
80 (A.G.)

Iᵉ RÉCAPITULATION des DOUBLES CROCHES, depuis le N°. 125.
Moderato.
N°. 130
dol.
cres.
seque.
cres.
Mouvement de Contredanse.
N°. 131
Fin
Fin
Mineur.
Suite des diverses combinaisons de DOUBLES CROCHES.
All°. ma non troppo.
N°. 132
mf

rinf
f
p
rf
p
p
Allo ma non troppo.
C ou 2
f
No 153.
C ou 2
6
7
decres
mf
p
f
80 (A.G.)

Mouvement de marche.
N.º 134
p
f
p
f
2.e RÉCAPITULATION de DOUBLES CROCHES.
Andante.
N.º 135
p

Quelquefois, au lieu de commencer au frapper de la mesure, un morceau commence au second ou au troisième, ou au quatrième tems. La Leçon suivante commence en levant, par le quatrième tems de la mesure; elle offre la réunion des trois principales espèces de notes pointées.

Leçon qui commence au troisième ou au second tems de la mesure, selon qu'on la bat à quatre ou à deux tems.

N.º 139.

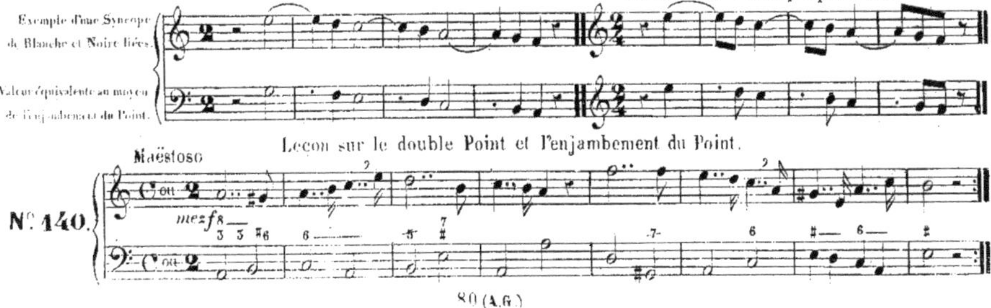

DU DOUBLE POINT, et de L'ENJAMBEMENT DU POINT sur la mesure suivante.

(Voyez, pour le DOUBLE POINT, Page **4**.)

Quelquefois, au frapper de la mesure, au lieu d'écrire la Syncope par une Noire liée avec la Blanche de même intonation qui la précède, on écrit ces deux Notes par une Blanche pointée. La valeur en est la même, et ce point se trouve alors au frapper de la mesure suivante.

Réduction de l'Exemple précédent.

Exemple d'une Syncope de Blanche et Noire liées.

Valeur équivalente au moyen de l'enjambement du Point.

Leçon sur le double Point et l'enjambement du Point.

Maëstoso

N.º 140.

Combinaisons de SYNCOPES et de DOUBLES CROCHES.

Allegretto.

N.º 141

dol.   *segue*

Inverse de la premiere reprise.

Moderato.

N.º 142.

cres.

De l'IMITATION, comme MÉLODIE.

Dans l'étude de l'HARMONIE, on appelle *Imitation* la répétition d'une phrase ou d'un trait de chant soit en les reproduisant avec exactitude dans une autre partie, soit en imitant seulement leur dessin ou valeur de Notes.(1) Dans la MÉLODIE, il se trouve aussi de fréquentes imitations, qui sont une espèce de réponse à un premier membre de phrase musicale, et qu'on devine souvent, après avoir entendu celui-ci, parcequ'elles en forment une conséquence ou un développement naturel.

Dans le cours des études de SOLFÈGES, il est important que le professeur fasse observer à l'élève d'une manière raisonnée, toutes les phrases dans lesquelles se trouveront ces imitations de Mélodie. Les *réflexions* qu'il lui fera faire, à cet égard, développeront son intelligence musicale, et accéléreront ses progrès, comme lecteur: car, dans la rapidité de la lecture vocale ou instrumentale, il y a beaucoup de passages qu'on n'a pas le tems d'analyser, et qu'il faut lire d'instinct, en les devinant, en quelque sorte.

IMITATIONS dans une autre Partie.

DES PHRASES IMITATIVES.

Les *Phrases imitatives* sont d'un fréquent usage dans la *Mélodie* d'une même partie. La Leçon suivante est composée de manière à faire contracter à l'élève l'habitude de reconnaitre facilement, comme *Valeurs* et comme *Intervalles*, ces sortes de phrases, dont la seconde mesure est toujours une réponse de la première.

IMITATIONS DE MÉLODIE dans la même partie.

Des TRIOLETS, ou TRIADES, appelés aussi TROIS pour DEUX.

On a vu, dans les PRINCIPES DE MUSIQUE, Page 4, qu'on nomme ainsi trois Notes d'égale valeur, qui doivent s'exécuter dans le même espace de tems que le seraient deux Notes de même figure. On les surmonte ordinairement d'un trois, ou d'un six, lorsque deux Triolets se trouvent réunis, étant crochés ensemble. Quelquefois, ces chiffres ne sont point écrits; mais l'exécutant devine facilement, à la quantité des Notes, si ce sont des Triolets ou des valeurs ordinaires.

En consequence, dans la Mesure **A DEUX TEMS**, trois Noires, au lieu de deux, valent un tems, dans la Mesure **A QUATRE TEMS**; trois Croches, au lieu de deux, valent un tems, &ª. Cette règle s'étend à toutes les autres subdivisions de valeurs de Notes, elle est aussi applicable aux silences.

EXEMPLES.

Allegretto.
N.º 148.
MESURE A QUATRE TEMS, un Triolet de Croche pour chaque tems.
Allº Moderato.
N.º 149.

Allegretto.
dol.
cres
f
N.º 150.
MESURE A QUATRE TEMS, un demi Soupir et deux Croches formant Triolet pour chaque tems.
Moderato.
N.º 151.
cres.
f
p

(*) C'est surtout dans la musique de Piano que les Eleves éprouvent le plus de difficulté à assembler les Triolets contre deux Croches simples.
Dans la MÉTHODE COMPLÈTE DE PIANO rédigée par A. de Garaudé, J. Herz &c, Op.45, (2de Edition) on trouvera à la page 54 de cette 2de EDITION un procédé nouveau pour vaincre facilement cet obstacle. Cette Méthode, (marquée 21f pour 140 pages ou 12f la 1re partie) réunit 200 Exercices progressifs et Gammes de tout genre, 72 Leçons tirées des morceaux favoris du Théâtre Italien, 50 Préludes, 12 ETUDES brillantes, la manière d'accorder le Piano, &c. Elle est généralement adoptée, et sa clarté progressive est telle qu'on pourrait, au besoin, l'étudier sans maitre.   80. (AG)

Allo moderato.
N° 155.
Inverse de la première reprise.
1re Récapitulation des TRIOLETS.
Andante.
N° 156.
Allo moderato.
p
f
cres

Progression arithmétique croissante d'une Noire à quatre doubles Croches.

N°157.

Allº. moderato.

2de RÉCAPITULATION des TRIOLETS, depuis le N°147.

N°158.

Moderato.

Leçon en RÉ majeur avec des intonations dispositives.
All°. maëstoso.
N°. 159
mf
decres
p
dol.
f
Allegretto.
N°. 160.
p
segue.
mez f
p
80 (A G)

MESURE A SIX HUIT. (Voyez Page 5)

Cette *mesure composée* est produite par la *mesure simple* à DEUX QUATRE, et elle se bat aussi à deux tems. Elle se nomme ainsi, parcequ'elle contient six huitièmes de la Ronde: c'est à dire six Croches. La Leçon suivante, qui est à peu près la même que le N° 160 écrit à $\frac{6}{8}$, s'exécute aussi de la même manière. Cependant, ces deux mesures ont un Rhytme différent surtout dans ces valeurs [notation] qui ne peuvent être imitées par celles-ci [notation] Les N°s 162 à 179 feront connaitre le Rhytme et les diverses combinaisons de valeurs de la mesure à $\frac{6}{8}$.

Une Noire et une Croche pour chaque tems.
All.º moderato
N.º 164
p   segue.
f
Inverse de la première reprise.
Allegro.
N.º 165.
p   cres.   f
Andante.
N.º 166.
dol.
Une Noire et deux doubles Croches pour chaque tems.
Allegro
N.º 167.
mezf
Fin. Inverse de la première reprise
D.C.
D.C.

Imitations, au chant, des valeurs de la Basse

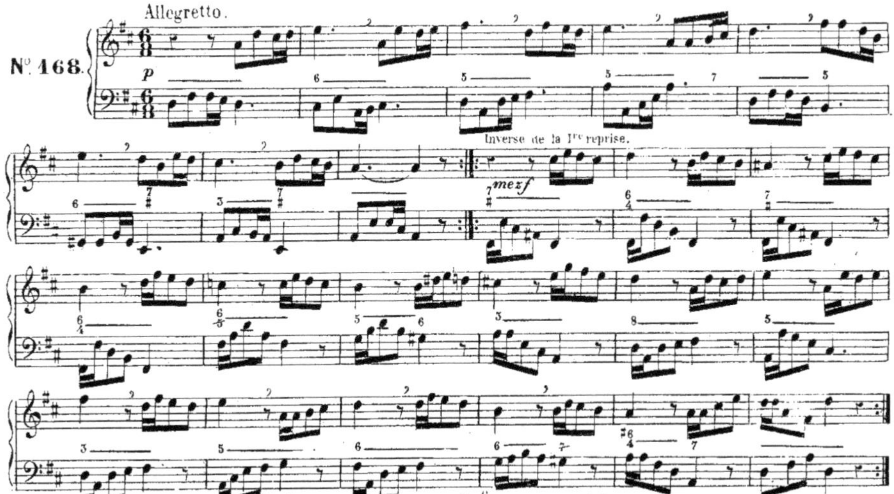
Allegretto.
N° 168.
p
Inverse de la 1re reprise.
mezf

1re RÉCAPITULATION de la Mesure à $\frac{6}{8}$ depuis le N° 161.

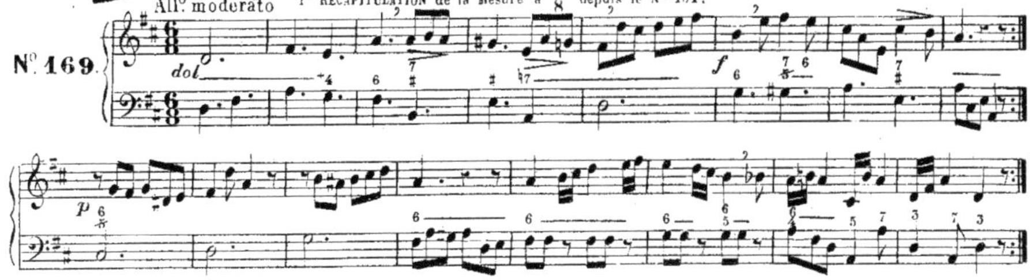
All° moderato
N° 169.
dol
f
p

2de RÉCAPITULATION de la mesure à $\frac{6}{8}$.

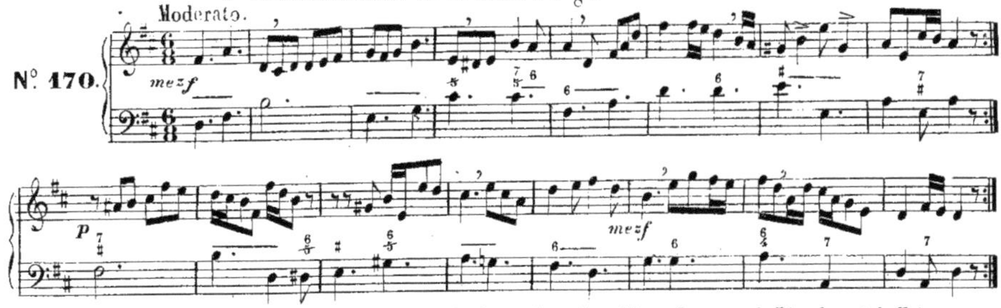
Moderato.
N° 170.
mezf
p
mezf

Leçon en SI *mineur,* avec des intonations dispositives. Syncopes de Blanches et de Noires.

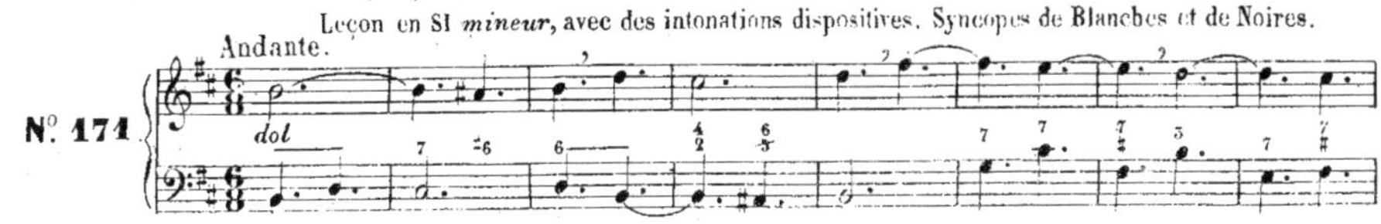
Andante.
N° 171.
dol

80
dol
Imitations, au chant, des valeurs indiquées précédemment par la basse.
Tempo di siciliano.
N.º 172.
N.º 173.
Andante.

Andante siciliano
N.º 174.
p
3ᵐᵉ Récapitulation de la MESURE à 6/8.
Allº moderato.
N.º 175.
dol
cres
Allᵗᵒ assai.
N.º 176.
mezf
p

Allegro.
N.º 177.
p
mezf
Inverse de la première reprise.
f
p
f
All.º assai.
N.º 178.
p
p cres.
f
cres.
cres.

4ᵐᵉ RÉCAPITULATION de la mesure à 6/8 depuis le N° 173.

MESURE A TROIS TEMS.

La mesure à TROIS TEMS s'indique aussi très souvent comme mesure à TROIS QUATRE, parcequ'elle contient trois quarts de la Ronde; c'est-à-dire, trois Noires. Les valeurs et la manière de battre la mesure en sont les mêmes. Je ferai seulement remarquer qu'il est d'usage de l'indiquer par un 3 dans les mouvements lents, et par $\frac{3}{4}$ dans les mouvements vifs. Leurs principales valeurs sont une Blanche pointée par la mesure entière, ou une Blanche et une Noire, ou trois Noires, ou six Croches, &c.

Diverses combinaisons de valeurs de Notes et de Silences dans la MESURE A TROIS TEMS.

Une Blanche pointée pour la mesure entière.

N.° 181

Une Blanche et une Noire pour chaque mesure.

N.° 182

Résumé des deux Leçons précédentes.

N.° 183

(*) Lorsqu'il se trouvera des doubles Notes, l'élève pourra faire l'une ou l'autre, selon l'étendue de sa voix.

80. (A.G)

Une Noire pour chaque tems.
Andante con moto
Nº 184
p
f
Deux croches pour chaque tems
p
cres
f
Une Noire pointée et une Croche pour les deux premiers tems de la mesure.
Andte con moto.
Nº 185
mezf
Fin
p
f
p
Syncopes de Noires et de Croches.
Andante
Nº 186
rallent.
a tempo
Andante
Nº 187
dol.
Fin
f
p
Un Triolet de Croches pour chaque tems.
Andante grazioso.
Nº 188
dol
mezf
DC
80.(AG)

dol
cres.
f
p
cres.
Andante.
1re RÉCAPITULATION de la mesure à trois tems, depuis le No 181.
No 189
p
rinf
f
p
Fin
f
cres.
f

Leçon en SOL *mineur*, avec des intonations dispositives.

88

N.º 193

N.º 194

N.º 195

80.(A.G)

CANON À L'OCTAVE. (*)

N.º 198.

2.ᵈᵉ Récapitulation de la mesure A TROIS TEMS.

N.º 199.

DES NOTES D'AGRÉMENT.

L'élève étudiera avec attention ce qui concerne cet article, page 11, et s'exercera à former plusieurs tableaux de chaque espèce de *Notes d'agrément*, en accolades de deux lignes, dont la 1.re contiendra la manière de les écrire, et la 2.de leur effet réel en valeurs de Notes. Après avoir appris ce qui concerne les Appoggiatures simples et doubles, ainsi que la 1.re *espèce de Gruppetto*, on solfiera la Leçon N.º 201. Ensuite, avant de solfier la leçon N.º 202, on examinera avec soin les exemples sur les *Gruppetti* de 2.de et de 3.me espèce, page 12.

Leçon sur les APPOGGIATURES et sur le GRUPPETTO de la première espèce. (∗)

(∗) Dans les deux Leçons suivantes, la liaison sur plusieurs Notes indique qu'il ne faut nommer en solfiant que la seconde de ces Notes.

N.º **202.**   Leçon sur les **APPOGGIATURES**, et sur le **GRUPPETTO** de la 2.ᵈᵉ et de la 3.ᵐᵉ espèce.

Moderato.

80. (A.G)

MI   DO   DO   SI   p MI   DO   SI
7   6   6/5   6/4   5   p 7   6
RE   SI   DO   DO   LA   DO   SI   RE   MI   RE
+4   6   +6   8
DO   RI.   mez f   DO   SI   DO   SI   LA
6/5   6   6/5   3
SI   MI   DO   DO   RE   RE   SI
6   7   3   6/4   7   +6   6   +4
MI   LA   dol   DO   DO   pp   SI
dol:
6   +   6/4   7   3   7   3   7   pp
FUGUE. (*)
Andte con moto.
N.º 205
p   f   +6

Allo moderato. Leçon en LA majeur avec des intonations dispositives.
No 204
dol.
RONDOLETTO.
Andante grazioso.
No 205
p
f
segue.
80 (AG.)

dol.
segue.
cres.
Allo maestoso.
No 206.
mezf.
f
p
decres.
cres.
f
p
mezf.
f
ff

p
RONDOLETTO.
Allo ma non troppo.
No. 207.
p
segue
mezf.
mezf
p
p
rinf
cres.
f

Mineur
p
segue.
cres.
mezf
Majeur.
p
mezf.
p
segue
mezf
dol.
f
p
Andante.
No 208
dol:
mezf
Fin.
f
p
f
80 (A.G.)
D.C.

Reduction de la Leçon précédente, pour faire connaitre la Mesure à TROIS HUIT. Cette Mesure se nomme ainsi, parcequ'elle contient trois huitièmes de la Ronde, c'est-à-dire, trois Croches, dont une pour chaque tems. C'est donc une moitié de Mesure à SIX HUIT, qui se bat à trois tems. Les principales valeurs sont, pour la mesure entière, une Noire pointée, ou une Noire et une Croche, ou trois Croches, ou six doubles Croches, &c. &c.

Mnent de valse.
Fin.
No 211
segue.
Andno Grazioso.
No 212
dol:
mez f.
decres:
tr
dol:
80 (A.G.)

Leçons sur les TRIOLETS DOUBLES CROCHES et sur les TRIPLES CROCHES.
Ande Cantabile.
No 243
P
rinf:
p
Fin.
mezf.
rallent:
a piacere.
fz
p
fz
col canto.
Andte grazioso.
No 244
dol:
cresc:
f
mezf.

decres.
dol.
fz
p
mf
p
Larghetto
Leçon en FA Dièze mineur, avec des intonations dispositives.
Nᵒ 245.
dol
mezf
p
f
f
cres.
p
f
pp

Allegretto.
Nᵒ 216.
p
cres
f
p
Allᵒ maestoso.
Nᵒ 217.
f
p

CANON A LA QUINTE INFÉRIEURE.

Allo moderato.

No 248

RÉCAPITULATION de la mesure A TROIS HUIT, depuis le N.º 209.
And.no grazioso.
N.º 219

RÉCAPITULATION des mesures à QUATRE TEMS, à TROIS TEMS, à DEUX QUATRE, à SIX HUIT et à TROIS HUIT.

On a du remarquer jusqu'ici que, dans toutes les Leçons précédentes de Solféges sur les Mesures à QUATRE TEMS, à DEUX QUATRE et à TROIS TEMS, chacun des tems de ces diverses Mesures contenait les mêmes valeurs; c'est-à-dire que la *Blanche* vaut toujours deux tems, et qu'il faut toujours une *Noire*, ou deux *Croches*, ou quatre *Doubles Croches*, &c. pour chaque tems, soit que la mesure soit indiquée par un C, ou qu'elle le soit par $\frac{2}{4}$ ou par 3.

Cette importante observation sur l'uniformité des valeurs dans les tems de ces trois mesures facilitera les progrès de l'élève dans la LECTURE MUSICALE, et elle peut aussi s'appliquer aux Mesures à SIX HUIT et à TROIS HUIT. En effet, le point placé après la Blanche et après la Noire, dans ces deux dernières mesures, ne se faisant pas sentir, la Blanche pointée peut être considérée comme une Blanche simple, et la Noire pointée comme une Noire simple de la Mesure à DEUX QUATRE; leurs trois Croches comme un Triolet de la même mesure, &c, &c. Il n'existe de différence que dans quelques valeurs de la Mesure à SIX HUIT, et dans le rythme qui lui est propre.

Il résulte de cela qu'une Basse, dont les valeurs seraient toujours des Noires, peut servir de même régulateur à un morceau de musique écrit, tour-à-tour, avec l'une ou l'autre des cinq mesures ci-dessus.

La Leçon suivante servira d'exemple à cet égard. En la solfiant, il faut observer de ne jamais varier le mouvement primitif, dont la Basse est le Chronomètre: quelque soit le changement de manière de battre la mesure. En conséquence, dans les phrases de cette Leçon qui sont écrites sur la Mesure à QUATRE TEMS, le mouvement de la main qui marque les tems est conforme aux valeurs de la Basse, tandis que dans celles écrites sur la Mesure à TROIS HUIT, la main peut marquer les trois tems de la Mesure sur une seule Noire de la Basse, &c. ce qui lui donne le mouvement vif du *Presto*. Cependant, vû la rapidité de cette Mesure à TROIS HUIT, il est préférable de ne battre que le premier tems de cette Mesure.

Les croches conservent la même valeur que dans le SIX HUIT
mezf   mezf
précédent; cependant la main qui en marque une pour chaque tems ou le 1er. tems seulement donne aux TROIS HUIT de cette Leçon le mouvement du PRESTO.
fz
La main reprend le mouvement primitif des Noires de la basse.
dol.   cres.
f
Différence de valeurs dans le 4e. tems de la 1re. mesure du même passage.
f
p   cres.
dol.

Tempo di marcia.
N.º 222.
Cantabile.
N.º 223.
dol.
mezf
dim.
Suivez en croches à la main droite.

CONTREPOINT DOUBLE À LA DIXIÈME. (1)

(1) On nomme CONTREPOINT DOUBLE une, ou plusieurs phrases de chant avec leur Basse, composées de manière à ce qu'elles puissent se renverser; alors le Chant devient la Basse, et celle-ci devient le Chant. Il peut se faire à plusieurs parties et à divers intervalles & & . Voir les TRAITÉS DE COMPOSITION pour de plus grands détails.

Tempo di Polacca
N° 218
p
segue.
f
Fin
segue.
f
P. a piacere.
80 (A.G.)

Leçon en DO *mineur*, avec des intonations dispositives.

Siciliano.
N.º 221.
dol:
mezf:
Tempo di marcia.
N.º 222.
Fin.
Maggiore.
D.C.

114
Andantino
No. 223
f
p
Allo. maëstoso.   Leçon en MI majeur, avec des intonations dispositives.
No. 224
mezf:
dol:
cres:
f
decres:
cres:
f
p
f
80 (A.G)

Allº moderato.
mezf:
Nº 225.
tr
p
f
sf
tr
p
cres:
p

Allegretto. Leçon en DO Dièze mineur, avec des intonations dispositives.
N.º 226.
80 (A.G)

Allegretto.
Nᵒ. 227.
cres:

Leçon en LA Bémol majeur, avec des intonations dispositives.
Moderato.
No. 228.
dol
seque.
mezf
tr
mezf
Allto scherzando.
No. 229.
p
cres.
f
1re Fois.
p

2e Fois.
mezf:
f
p
f
f
dol:
mezf:
p
cres:
f
p
f
p

mezf
+6
6
4
+6
8
+6
6
f
p
p
Leçon en FA Mineur, avec des intonations dispositives.
Andante.maestoso.
N.° 230.
mezf
+4
6
6
b6
6
3
6
7
5
p
6
6
7
b
6
6
3
dol
6
6
7
7
7
cres.
5
+6
f
+4
6
6
4
7
6 decres.
4
5
7
p
cres.
3
5
+4
6
6
4
7
3
dol
3
6
3
6
4
5
+7
8
+7
8

Andantino con espressione.
N.o 231
dol:
mezf.
f
p
dol:
f
p
mezf
rinf.
p
cres.
tr
f
p
f
p

FUGUE.
Allo molto.
No 252
80.(A.G)

Leçons pour s'exercer à *nommer les notes très vite* sur la Clef de SOL.

Allegro.

N° 233

Fin.
Rallent. poco a poco.
D.C.%
80 (A.G.)

Allegro.
mezf
N.º 234.
segue.
p
cres
f
p
segue.
cres.
f

dol.
segue.
p
f
f
p
f
p

DE LA CLEF DE FA SUR LA QUATRIÈME LIGNE.

Les chants ou Basses écrits sur cette clef sont, relativement à leur effet, d'une octave plus bas que s'ils étaient écrits sur la clef de Sol.

On voit aussi par cet exemple, que le nom des Notes, sur la clef de Fa, est le même que celui des Notes de la clef de Sol, une tierce au dessus; ainsi le Do en clef de Sol, devient un Mi en clef de Fa, le Ré devient un Fa, &. Pour la plus grande facilité de l'élève, je suivrai pour cette clef, ainsi que pour les quatre clefs de Do, la Méthode déjà employée pour faire connaître les Notes de la clef de Sol.

EXERCICES sur les Notes de la Clef de FA sur la 4.me Ligne.

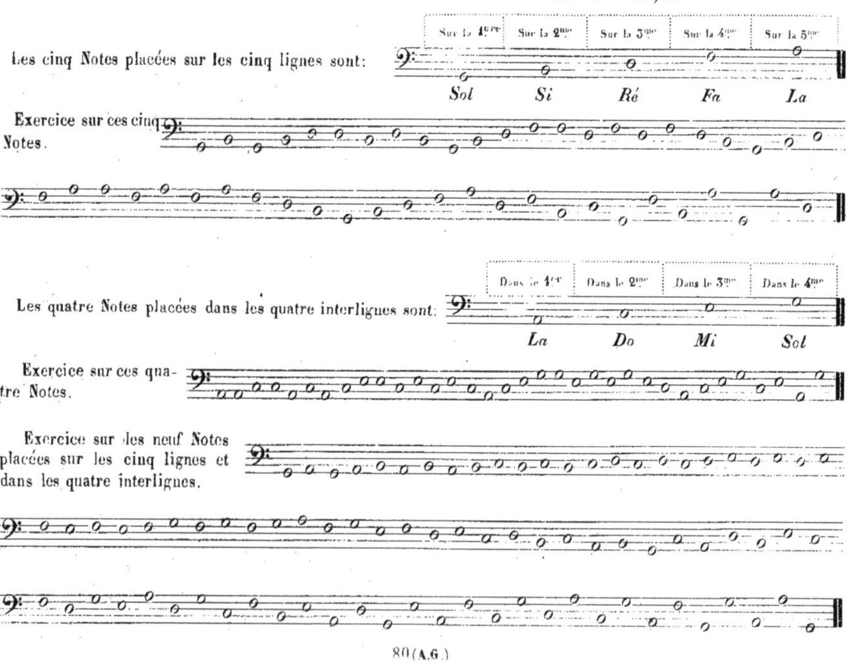

Les cinq Notes placées au dessous de la portée sont:

Exercice sur ces cinq Notes

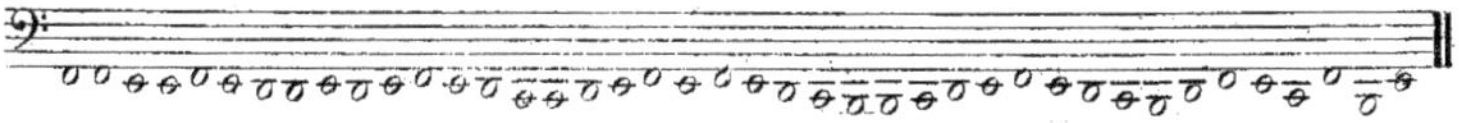

Les cinq Notes placées au dessus de la portée sont:

Exercice sur ces cinq Notes.

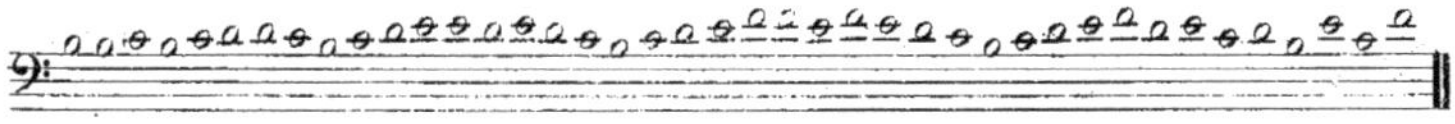

Exercice pour bien connaître toutes les Notes de la clef de Fa.

Leçons pour apprendre à nommer les Notes de la clef de FA sur la quatrième ligne.

(*) Andante.

N.º 235.

(*) NOTA. Ces sortes de Leçons, ainsi que les premières sur chacune des diverses clefs d'UT, dans la SECONDE PARTIE, sont composées principalement d'intervalles conjoints ou peu éloignés, afin que l'élève ait plus de facilité à nommer les Notes

Andante.
N.º 236.
p
f
mf
decres.
p
cres.
f
decres.
Allº maestoso.
N.º 237.
mez f
decres.
dol.

AIR DE CHASSE.
Allegro.
N.º 238.
Tasto solo.
cres.
dol.
rinf.
f
7 tasto solo.
mez f
cres.
f
f
decress
tasto solo.
p
p
pp

Andte grazioso.
CANON À LA QUINTE INFÉRIEURE.
Nᵒ 239.
dol.
Andte cantabile.
Nᵒ 240.

80 (A.G.

Andantino
N.º 241

136
Mouvement de Valse.
FIN.
N° 243.
dol.
Allo non troppo.
N° 244.
seque
dol.
cres.
dol.
mezf.

lento.
decres.
colla voce.
a tempo.
mezf.

Pour compléter entièrement les *Etudes de lecture sur la Clef de* FA, j'engage MM. les Professeurs à employer le nouvel ouvrage spécial que je viens de composer sur cette matière, intitulé: MÉTHODE de MUSIQUE ou SOLFÉGES avec Acc.t de Piano, écrits entièrement sur la clef de FA, 4.me ligne, composés expressément pour les voix de *Basse, Baryton* et pour les Elèves Instrumentistes qui font usage de cette clef, tels que les Elèves de *Violoncelle, Contrebasse, Basson, Trombonne, Ophicléide,* &. Op: 46. Prix 30.f Ces SOLFÉGES sont *les seuls* gravés sur cette clef.

NOTA. Les Elèves étant arrivés à ce point de leurs études de SOLFÉGES, il serait utile, avant de commencer la SECONDE PARTIE de cet ouvrage, de leur faire étudier les 80 SOLFÉGES PROGRESSIFS À DEUX VOIX, ou *Nouveau Cours de Lecture musicale,* œuvre 41, par A. de GARAUDÉ. Outre l'avantage d'apprendre à solfier à plusieurs parties, ils y trouveront une utile récapitulation de tout ce qu'ils ont appris comme *Exercice de* valeurs de notes, intonations *difficiles,* &, &. Les Leçons à 2 voix qui sont à la fin de cet ouvrage sont de véritables DUOS, de divers styles.

FIN DE LA PREMIÈRE PARTIE.

www.ingramcontent.com/pod-product-compliance
Ingram Content Group UK Ltd.
Pitfield, Milton Keynes, MK11 3LW, UK
UKHW021624170726
13836UKWH00005B/2025